GEORGES LIORET

1814 - 1815

A MORET-SUR-LOING

et dans les Environs

MORET-SUR-LOING (Seine-&-Marne)

1904

1814-1815

À MORET ET DANS LES ENVIRONS

(Extrait des *Annales de la Société historique et archéologique du Gâtinais*, année 1904).

1814-1815

A MORET

ET DANS LES ENVIRONS

Par G. LIORET

MEMBRE DE LA SOCIÉTÉ HISTORIQUE ET ARCHÉOLOGIQUE DU GATINAIS

M·B

FONTAINEBLEAU

MAURICE BOURGES, IMPRIMEUR BREVETÉ

32, — Rue de l'Arbre-Sec, — 32

—

1904

1814-1815

A MORET ET DANS LES ENVIRONS

PREMIÈRE PARTIE

INVASION DE 1814

Un historien a divisé la campagne de 1814 en trois parties distinctes.

La première comprend les opérations du 25 janvier au 8 février : les Alliés sont entrés en France, chaque jour leurs progrès deviennent plus menaçants.

La deuxième s'étend du 9 au 26 février : Napoléon a ressaisi l'offensive; il frappe l'ennemi à coups redoublés et le force à rétrograder.

La troisième s'ouvre le 27 février et se termine le 30 mars par la prise de Paris : malgré les belles manœuvres du chef, malgré les efforts des soldats, la fortune trahit nos armes.

C'est heureusement dans la seconde période, signalée « par tant de victoires, pleine de tant d'espé- » rances », que se placent les faits que nous avons à rapporter.

On pourra constater, à la lecture de ce travail, que des événements importants y sont relatés en peu de lignes, alors que des circonstances de moindre portée y tiennent plus de place, la raison en est que nous avons voulu suivre la marche générale de l'action pour entrer dans le détail des seuls faits locaux.

I

A la fin de 1813, après les désastreuses campagnes de Russie et d'Allemagne, Napoléon, poussé par les troupes de l'Europe coalisée, battait en retraite sur le Rhin.

L'armée française, formée des débris de Leipsick, amoindrie par les privations et les fatigues, « abandonnée du sort », parvint enfin à retrouver la patrie, mais une patrie épuisée par plus de vingt ans de guerres.

Si la France, étonnée de voir approcher l'ennemi, réclamait à tout prix la fin des hostilités, la majorité du pays cependant ne demandait pas encore la chute de l'Empereur; la masse avait confiance dans le génie de Napoléon. « Il ne faisait pas la paix, disait-» on, parce qu'il était sûr de vaincre. »

Au premier janvier 1814, les puissances européennes avaient deux armées rangées sur l'autre rive du Rhin : celle de Silésie, sous les ordres du général prussien Blücher, et celle de Bohême, composée d'Austro-Russes, sous les ordres du prince autrichien Schwarzenberg; ensemble 250000 hommes.

De notre côté, 80000 hommes couvraient la frontière de la Zélande à Bâle.

Pour compenser l'infériorité du nombre, le gouvernement impérial enrôla par avance les conscrits de 1815. A cette occasion, le département de Seine-et-Marne recruta 2000 hommes au lieu des 1588 qu'il devait fournir[1]. Si ce n'est là qu'un détail, au moins fait-il honneur au patriotisme de nos populations ; cette levée anticipée donna un déficit considérable dans d'autres parties de la France.

Des décrets ordonnèrent la création de légions de gardes nationales *actives* pour former des armées de réserve à réunir à Paris, Meaux, Montereau et Troyes, puis la création de gardes nationales *départementales* pour remplacer les garnisons de l'intérieur et contribuer à la défense des places. L'organisation en fut extrêmement difficile ; le public n'y voyait, à juste titre, qu'une conscription déguisée.

Avant de mener ces hommes au combat, il fallait les habiller, les armer, les instruire. Or, la soudaineté de l'invasion ne permettait pas d'exercer tout ce monde ; les effets d'habillement et les armes faisaient défaut : beaucoup portaient la blouse et marchaient en sabots, la moitié de l'armement se composait de fusils de chasse. Les gardes nationaux de Seine-et-Marne purent être néanmoins armés et équipés ; un certain nombre d'anciens soldats incorporés parmi eux leur donnaient assez bonne apparence ; les munitions leur manquaient, mais il était temps encore d'y pourvoir[2]. Le préfet enrégimenta les gardes

---

1. *Archives nationales,* F⁷ 3782 et 3732.
2. *Pajol,* par le général de division comte Pajol, son fils aîné, t. III, p. 118.

champêtres et forestiers ; il constitua même des sections de canonniers nationaux[1].

Les Alliés franchirent la frontière sans résistance. La nouvelle en parvint dans notre contrée les 6 et 7 janvier[2]. Les premiers soldats étrangers qui mirent le pied sur le sol français furent les hussards de Hesse-Hombourg ; nous les retrouverons plus tard à Moret. Blücher passa le Rhin en plusieurs colonnes de Coblentz à Bâle ; Schwarzenberg le traversa entre Bâle et le lac de Constance, viola la neutralité de la Suisse et pénétra en France par la trouée de Belfort.
Notre ligne était tournée.

N'ayant que des armées offensives, la France se trouva, sans préparation, devant la nécessité de se défendre sur son propre territoire. On se hâta de prendre des mesures sur la ligne d'invasion prévue. Le 14 janvier, un officier d'ordonnance de l'Empereur vint reconnaître les ponts du Loing et de la Seine. De son rapport nous extrayons les notes suivantes :

Moret. — Tambour[3] : bonne position en arrière et fort importante.

Nemours. — Tambour : mauvaise position, mais à deux lieues en arrière, bonne position qui barre la route de Fontainebleau et se rattache à la position de Moret[4].

---

1. *Journal de l'Empire* du 31 janvier 1814.
2. G. Bertin, *La campagne de 1814 d'après des témoins oculaires.*
3. En fortification on appelle *tambour* un retranchement en charpente, muni de créneaux, construit à l'entrée d'une ville ou d'un village à défendre.
4. Position de Bourron et de la vallée Jauberton à l'entrée de la forêt.

Montereau. — A l'embouchure de l'Yonne : fermer la ville et le faubourg sur les deux rives de l'Yonne : assez difficile : mais le maire est très bon et fera le possible. Il a déjà réuni des fusils et de la poudre.

Melun. — La rive gauche peut être défendue, mais la ville située sur la rive droite est ouverte et placée dans un bas-fonds; ne peut se défendre. C'est cependant un point important. Il y a sur la rive droite une position médiocre. C'est un pont à rompre[1].

Le 20 janvier, avant d'aller se mettre à la tête de l'armée, Napoléon confia au général Pajol la défense de la vallée de la Seine jusqu'à Nogent, ainsi que des vallées de l'Yonne et du Loing. L'Empereur lui témoigna combien il attachait d'importance à cette mission et lui adressa des instructions précises : la cavalerie, à l'aide de ses éclaireurs, arrêtera les partis ennemis qui ne manqueront pas de devancer Schwarzenberg dans la direction de Paris; l'infanterie conservera les points de passage sur les cours d'eau, c'est-à-dire les ponts de la Seine, de l'Yonne et du Loing.

Le corps de Pajol devait se concentrer à Melun et à Montereau; comme éléments il lui fut assigné : en infanterie, une division de garde nationale à rassembler à Montereau, sous le commandement du général Pacthod ; en cavalerie, les dépôts des régiments de dragons, de hussards et de chasseurs dont les escadrons actifs étaient à l'armée d'Espagne ; plus une batterie d'artillerie à cheval et un officier du génie chargé de diriger les travaux de défense où cela serait nécessaire.

---

1. *Archives nationales*, AF. IV, 1669.

Lorsque Pajol vint à Melun, le 21 janvier, il n'y rencontra que quelques centaines de cavaliers. Son corps, en voie de formation, ne comprenait ni officiers de santé, ni commissaire des guerres, ni employés aux vivres ; le capitaine Biot constituait à lui seul tout l'état-major. Loin de se décourager, le général s'efforça de tirer de la situation le meilleur parti[1]. « Je ferai plus que le possible, devait-il dire » quelques jours après, pour remplir les intentions » de l'Empereur. »

Dès le lendemain 22, il reçut l'ordre de se porter à Nogent-sur-Seine et d'y faire suivre les escadrons qu'il attendait à Melun. En s'y rendant il se fit accompagner du commandant Durivau, chef de bataillon du génie, directeur des études à l'École polytechnique, et commença une minutieuse reconnaissance du terrain qu'il avait à garder.

Étant à Moret le 23, avec une escorte de quatre-vingts dragons[2], il décida que le pont serait miné ; qu'une première ligne de défense serait établie en avant du pont du canal ou de Bourgogne, avec des palanques et un retranchement en manière de redoute, pour fermer la route de Montereau et celle d'Écuelles ; qu'une deuxième ligne serait formée de palissades à élever au débouché du grand pont, entre le vieux château[3] et le moulin Montcourt[4] ; que la porte du Pont serait fermée en temps utile ; que la

---

1. *Pajol,* par le général de division comte Pajol, t. III, pp. 116 et 117 (pièce justificative n° XXXII).

2. *Archives municipales de Moret,* série H.

3. Actuellement écuries de M. Provencher.

4. Aujourd'hui imprimerie Féjard.

ville, entourée de sa ceinture de vieilles murailles, servirait de réduit; que les maisons seraient créne-lées, tant celles avoisinant la palissade du débouché du pont que celles situées à gauche et à droite de la porte. S'il chercha avec tant de soin à garantir Moret, c'est que, selon lui, « ce point était extrêmement in-téressant à conserver[1]. »

Il se transporta ensuite à Nemours, qu'il fit for-tifier d'une façon analogue, et de là à Montereau, où arrivaient les 4e, 5e, 14e et 17e dragons et 25e chas-seurs, c'est-à-dire la plus grosse partie de sa cava-lerie s'acheminant sur Nogent[2]. Pour nourrir ses chevaux il ordonna, de concert avec le maire de Montereau, une réquisition de 4000 bottes de foin et 100 sacs d'avoine à verser dans cette ville par les communes du canton de Moret. Ces quantités furent en effet fournies par Moret, Veneux-Nadon, Mon-tarlot, Ville-Saint-Jacques et Villecerf[3].

Dans son rapport du jour au ministre de la guerre, il l'informait que, par suite « du bon esprit » qui régnait à Montereau, il espérait qu'on s'y défendrait bien. « Il en sera de même, disait-il, à Nemours et » à Moret[4]. »

Pajol visita également Bray, Pont-sur-Yonne et continua son chemin sur Nogent. Partout, ainsi que l'exige le rôle dévolu, en temps de guerre, au com-mandant supérieur d'un territoire, il vit les préfets,

---

1. *Archives nationales*, AF. IV, 1669, lettre du général Pajol.—*Archives municipales de Moret*, série II.
2. *Archives nationales*, AF. IV, 1669.
3. *Archives municipales de Moret*, série H.
4. *Archives nationales*, AF. IV, 1669 et F 7 3732.

sous-préfets et maires, excita leur zèle, pressa l'organisation des gardes nationales, régla le service des vivres et des transports.

Le général avait été décidément frappé des bonnes dispositions des habitants de Seine-et-Marne, à telles enseignes que, en rendant compte au ministre et à l'Empereur des arrangements pris et de son entrée à Nogent, il annonçait qu'il allait armer et « électriser » les gardes nationales de l'Aube, « car dans ce département, ajoutait-il, l'esprit est loin d'être aussi bon que dans celui de Seine-et-Marne dont je suis très content ». Il se plaignit en outre de la lenteur avec laquelle on lui envoyait ses troupes, et demanda des officiers, des munitions, des armes, des effets, des outils pour les ouvriers, de la poudre pour miner les ponts[1].

Ces plaintes portèrent leur fruit. L'administration de la guerre expédia de suite aux points désignés des outils, des effets d'habillement et d'équipement.

Le général Clarke, duc de Feltre, ministre de la guerre, prévenait en même temps Pajol que le général Pacthod devait organiser la garde nationale non seulement à Montereau, mais encore dans les communes entre Pont-sur-Yonne et Fontainebleau; que le général de brigade Montbrun emmenait 600 chevaux de Paris, pour les répartir à Pont-sur-Yonne, Montereau, Moret; que 1000 chevaux allaient être mis en route pour le rejoindre; enfin qu'une batterie d'artillerie légère achevait de se for-

---

1. *Archives nationales*, AF. IV, 1669.

mer pour être employée aux ponts de Montereau, Nemours et Moret.

Les préparatifs de défense furent confiés aux Ponts et Chaussées. M. Eustache, ingénieur en chef en résidence à Melun, dirigea l'ensemble du service avec les ingénieurs ordinaires du département auxquels on adjoignit cinq élèves-ingénieurs.

L'un de ces derniers, M. Bédigier, vint à Moret. Le commandant Durivau, pendant les quelques heures qu'il y resta, le 23 janvier, lui indiqua sur le terrain les travaux à construire. Pour en faciliter l'exécution, il laissa des instructions écrites et des planches imprimées représentant les principaux ouvrages de fortification passagère; mais la bonne volonté du jeune ingénieur ne pouvait suppléer à son manque d'expérience; à cet inconvénient il fallait ajouter la rareté des ouvriers, tous les hommes valides étant sous les armes. Par surcroit, il n'y avait ni assez d'outils pour mener le travail rapidement, ni assez d'argent pour stimuler les travailleurs[1].

Le pays de Moret avait en outre à répondre aux charges nécessitées par les passages de troupes : le 24 janvier 1200 hommes du 153e de ligne allant à Sens, séjournèrent dans notre ville à cause de l'encombrement de Fontainebleau. Le maire en répartit la moitié dans les communes environnantes, à Villecerf, Saint-Mammès, Écuelles, Montarlot, Veneux-Nadon et Thomery[2].

---

1. *Correspondance de Napoléon Ier*, n° 21133; et *Pajol*, par le général de division Pajol, t. III, pp. 117 à 120 (pièces justificatives nos XXXIII et XXXIV).

2. *Archives municipales de Moret*, série H.

A cette même date, M. César Valade, sous-préfet de l'arrondissement, adressa aux municipalités du canton « un ordre du jour » par lequel il leur enjoignait de donner au maire du chef-lieu la liste nominative des gardes nationaux de leurs communes respectives : tous les hommes inscrits devront se tenir prêts à partir et à se rallier à Moret au premier appel, sous peine d'être traités en ennemis publics ; à défaut de fusils, chacun apportera l'arme qu'il aura pu se procurer, « tels que fourches, piques, faulx ». On leur indiquera ultérieurement les points sur lesquels ils devront marcher.

Le préfet lui-même avertit le maire de Moret qu'il l'autorise à lever des réquisitions dans tout le canton et que sa ville est considérée comme « un des principaux gîtes d'étape ». Il l'informe aussi qu'il va diriger sur Moret deux compagnies de chasseurs de Seine-et-Marne spécialement chargées de la défense du pont[1].

Napoléon quitta Paris le 25 janvier après avoir laissé le gouvernement de la capitale à son frère Joseph et la régence à l'impératrice. — Pendant cette première période de la campagne, il établit son quartier général dans la position centrale de Châlons. A ce moment, le maréchal Ney est opposé à Blücher, le maréchal Victor à Schwarzenberg.

Le 26 janvier, l'armée de Silésie campe à Saint-Dizier et Brienne, celle de Bohême à Langres et

1. *Archives municipales de Moret*, série II.

Bar-sur-Aube. Ainsi placées entre les sources de la Seine et de la Marne, les deux masses ennemies sont, sinon réunies, du moins en rapport d'opérations.

Le but de l'empereur est de se jeter entre elles et de s'opposer à leur jonction.

Le 27 janvier, avant de s'éloigner de Châlons, il renouvelle à Pajol l'ordre de surveiller les ponts de Nogent, de Pont-sur-Yonne, de Montereau, de Moret, de Nemours et de battre l'estrade avec sa cavalerie dans la vallée du Loing[1]. Cette précaution ne laissait pas d'être justifiée, car déjà des cosaques isolés venaient à la découverte en avant de Joigny et de Sens[2], où d'ailleurs arrivaient quelques troupes françaises avec de l'artillerie[3].

On sait combien ce mot « les cosaques » effrayait les esprits. C'est pour cette raison que le préfet de Seine-et-Marne et le sous-préfet de Fontainebleau rappelèrent au maire de Moret les mesures déjà prescrites pour la réunion des gardes nationaux[4].

Napoléon se dirige sur Blücher qu'il défait à Brienne le 29 janvier; mais, malgré ce premier succès, il ne peut l'empêcher de se réunir à Schwarzenberg à La Rothière, où il est lui-même battu le 1ᵉʳ février et forcé de se mettre en retraite sur Troyes.

Le chef militaire n'a pas seulement à conduire les opérations proprement dites, il faut encore qu'il sa-

1. Thiers, *Consulat et Empire*, t. XVII, p. 222.

2. *Pajol*, par le général de division comte Pajol, t. III, p. 119. — *Archives nationales*, AF. IV, 1669, et F⁷ 3732.

3. *Journal de l'Empire* du 26 janvier 1814.

4. *Archives municipales de Moret*, série H.

tisfasse aux besoins immédiats des troupes, à ceux du jour comme à ceux du lendemain; de là l'importance des services de l'arrière. Pajol y pourvut en ordonnant à Fontainebleau et à Montereau l'établissement de magasins destinés à recevoir en dépôt les vivres tirés des localités voisines. C'est ainsi que le 27 janvier la municipalité de Moret eut à expédier 1400 bottes de foin à Fontainebleau, puis le 29, à faire livrer à Montereau, par les communes du canton, 150 sacs d'avoine, 120 sacs de farine et 30 vaches[1]. C'était là un véritable sacrifice auquel on astreignait ces communes; nous verrons qu'elles s'y résignèrent sans réserve, mais si souvent que le dénûment s'ensuivit. Certaines d'entre elles, notamment Thomery, Champagne, La Celle, recevaient des demandes à la fois de Moret, de Fontainebleau, de Montereau[2].

Durant les derniers jours de janvier le temps ne fut pas perdu à Moret; des arbres avaient été coupés dans la forêt et amenés à pied d'œuvre[3]; on travailla jour et nuit aux barrières du grand pont et du pont de Bourgogne; Picard Mathurin, meunier, Hamelin aubergiste, Gerbert, Chomet, allèrent chercher les bois à la boulinière d'Avon, avec leurs chevaux et leurs voitures. Goua, Damard, Paupardin, Sapaly, Cornet, Drouin, tous charpentiers, furent employés aux travaux du pont et des palissades, ainsi que

---

1. *Archives municipales de Moret et des communes du canton.*
2. *Archives municipales de Thomery, Champagne et La Celle.*
3. Domet, *La forêt de Fontainebleau*, p. 145.

Naudin, serrurier, et les maçons Quinault, Dagron, Legros Pierre[1].

Comme précaution supplémentaire, le général Pajol aurait voulu que tous les bateaux, petits ou grands, fussent descendus sur Melun ou Paris : l'Ingénieur en chef de la navigation jugea suffisant, pour l'instant, de les faire passer sur la rive droite de la Seine[2].

Pajol reçut alors l'ordre d'agrandir le cercle de ses opérations, de suivre les mouvements des Austro-Russes vers Sens, où se trouvait le général Allix[3], et même de s'étendre jusqu'à Auxerre. Les cosaques en effet commençaient à se montrer plus nombreux de ce côté : 100 dragons lancés par Pajol sur Auxerre furent ramenés à Pont-sur-Yonne, où ils restèrent près du général Montbrun cantonné dans cette ville avec 200 douaniers et quelques gardes nationaux[4].

Le 1ᵉʳ février, un parti de 400 cosaques, répandant à profusion ces proclamations par lesquelles les Alliés promettaient le bonheur à la France[5], se présenta devant Sens. Le général Allix les empêcha d'entrer dans les faubourgs et se mit à leur poursuite avec un gros de cavalerie[6]. Enhardi par ce

1. *Archives municipales de Moret*, série H. — Liard, épicier, fournit l'huile pour *l'éclairage* des travaux.
2. *Archives nationales*, AF. IV, 1669. — *Archives municipales de Thomery*. Circulaire de l'inspecteur de la navigation.
3. Dans une lettre au baron Ernouf du 11 janvier 1818, Allix fait remarquer que son nom doit s'écrire avec deux l et non avec une l (catalogue G. Charavay, nᵒ 228).
4. *Pajol*, par le général de division comte Pajol, t. III, p. 120.
5. *Journal de l'Empire* du 7 février 1814.
6. *Journal de l'Empire*, 1ᵉʳ et 3 février 1814.

résultat, voulant pousser plus avant, il pria Pajol de lui faire parvenir de l'infanterie. Pajol ne crut pas devoir satisfaire à ce désir et allégua qu'il n'attachait point d'importance au succès de la garnison de Sens. Selon lui, le recul des cosaques n'avait pour cause que la présence de l'Empereur à Troyes, où s'effectuait une concentration générale des troupes françaises.

Effectivement, le 3 au matin, l'ennemi avait complètement disparu entre Nogent-sur-Seine, Sens et Troyes[1].

Cette tranquillité ne fut que momentanée. Dès le 4 février, 2000 chevaux et quatre pièces d'artillerie du corps de Schwarzenberg marchaient dans la direction de Sens, Pont-sur-Yonne, Nemours. Ce corps, qui paraissait être l'avant-garde de l'armée ennemie, fit naître l'inquiétude à Paris, à ce point que le roi Joseph attira l'attention de Pajol sur la défense du Loing, de Moret à Souppes, par la lettre suivante :

Paris, le 4 février 1814.

Monsieur le général comte Pajol, commandant le corps d'armée chargé de la défense en avant de Paris, à Nogent-sur-Seine.

Monsieur le général Pajol, je crois qu'il faudrait charger un officier supérieur du commandement de toute la ligne du Loing depuis Moret jusqu'à Souppes. Cette ligne n'est défendue que par des gardes nationales et il n'y a sur aucun point de commandant militaire pour diriger et régulariser le service. Je présume qu'en cas de retraite une partie des forces qui sont

---

1. *Pajol*, par le général de division comte Pajol, p. 122.

en avant viendraient occuper la position de Moret et celle qui est sur la route de Nemours dans la forêt de Fontainebleau. Mais en attendant, il importe de mettre ces points à l'abri des partis ennemis en dirigeant et soutenant les gardes nationales.

Agréez, monsieur, mes sentiments.

Votre affectionné

Roi Joseph[1].

Le général fit observer qu'il lui paraissait bien difficile d'envoyer un officier supérieur sur le Loing, quand il n'en avait pas même pour commander ses détachements[2]. La question fut pourtant résolue : le colonel Lavigne, commandant l'École d'instruction de Fontainebleau, fut spécialement désigné pour surveiller la vallée du Loing avec ses élèves, les forestiers et la garde nationale de la contrée. A cet effet, le colonel posta le capitaine Boguy à Nemours, avec quelques hommes de la jeune garde et des gardes nationaux. Puis, en prévision de la défense de Fontainebleau, il fit construire des ouvrages et des emplacements de batteries sur les sommets de la vallée Jauberton, près Bourron, de façon à battre la route de Nemours[3].

Au surplus, on courait au plus pressé. Par quel autre moyen Pajol, livré à ses propres forces, aurait-il pu faire face à toutes les nécessités du moment, alors qu'à ses demandes réitérées de renforts on

---

1. *Pajol*, par le général de division comte Pajol, pp. 123 et 125 (pièce justificative n° XXXVI).

2. *Archives historiques de la guerre*, correspondance de la grande armée. — Pajol au ministre.

3. Domet, *La forêt de Fontainebleau*, p. 343. Position de Bourron. Ces ouvrages ne furent jamais armés.

répondait le plus souvent par de simples promesses?
Il obtint à grand'peine 2000 fusils, qu'il fit distri-
buer au régiment de Cherbourg arrivé depuis peu à
Montereau et aux gardes nationaux de Pacthod.
Cette distribution fut faite sur l'ordre de l'Empereur,
« inquiet » de ce qui se passait à Montereau.

« Ces troupes, disait-il, ne sont plus des gardes
» nationales, mais de véritables troupes de ligne,
» puisqu'elles se composent d'hommes ayant déjà
» fait 200 lieues pour venir couvrir la capitale. »
Dans une autre lettre il écrivait :

« Il faut donner des piques aux gardes nationales
» rassemblées dans les environs de Paris. Ce sera
» pour le troisième rang. Faites imprimer une ins-
» truction sur la manière de s'en servir. Les piques
» sont préférables aux fourches. » — Il ajoutait :
« Faites ôter de Fontainebleau tout ce qui est
» meuble précieux, et surtout ce qui pourrait être
» trophée, sans cependant trop démeubler le châ-
» teau ; mais il est inutile d'y laisser de l'argenterie
» et tout ce qui peut se transporter promptement. »

Il devait, quelques jours après, envoyer à Fontainebleau un bataillon de la garde, spécialement destiné à défendre le palais contre les incursions des
partis ennemis. Il comptait pour cela sur le concours
des habitants de la ville ; « ce que les habitants,
» observait-il, feront volontiers, puisque ce palais
» est presque leur propriété[1]. »

Attentif à l'exécution rigoureuse du service de

---

1. *Correspondance de Napoléon Ier*, nos 21151, 21185, 21187, 21190 et
21226, à Clarke et au roi Joseph.

sûreté, Pajol fit sillonner le terrain laissé à sa garde par de nombreuses patrouilles, de manière à établir un mouvement continuel de va-et-vient de sa droite à sa gauche ; ces patrouilles se heurtaient maintenant, sur tous les points, à des éclaireurs ennemis[1].

Aussi, le 5 février, pour être plus au centre de la zône à défendre, pour mieux couvrir Paris, Pajol quitta Nogent-sur-Seine où il fut remplacé par Marmont et vint installer son quartier général à Montereau. Ce retour de Pajol occasionna une forte réquisition de 90 vaches imposée par le sous-préfet au canton de Moret, pour l'approvisionnement « du » camp de Montereau dont les besoins étaient pres- » sants ».

A partir de cette date (5 février), les opérations vont prendre une tournure plus active à Moret et dans les environs ; il ne paraîtra donc pas inutile de résumer ici l'état exact de la situation.

Le corps d'armée du général Pajol comprenait :

1º Une brigade de chasseurs à cheval, 460 hommes. . . . .

2º Une brigade d'infanterie : régiment de Cherbourg, plus deux bataillons, 1400 hommes. . . . . à Montereau.
Ces deux brigades sous les ordres du général Delort.

3º Une brigade de dragons, 466 hommes ; général Grouvel . . . .

---

1. *Pajol*, par le général de division comte Pajol, t. III. p. 123. — *Archives nationales*, AF. IV, 1669.

2

4° Trente bataillons de garde nationale, donnant un effectif de 3000 hommes ; général Pacthod . . . . } à Montereau et dans les environs.

5° Un détachement de 506 gendarmes ; capitaine Dourtre. . . . . }

6° Une brigade de régiments provisoires de hussards, 358 hommes ; général du Coëtlosquet. . . . . } tantôt à Nemours, tantôt à Pont et Montereau.

7° 340 gardes nationaux et 64 hommes de la jeune garde ; capitaine Boguy . . } à Nemours.

8° Une brigade de 200 douaniers, 100 dragons, 100 gardes nationaux et quatre pièces de 4 ; général Montbrun. . . } à Pont-sr-Yonne.

9° Deux bataillons du 153e, forts de 1000 hommes, et deux pièces de 4 ; général Allix. . . . . } à Sens.

En tout 6610 hommes d'infanterie, 1394 hommes de cavalerie et 6 pièces d'artillerie.

A Moret, les portes pouvaient être fermées au premier signal par des madriers massifs déjà mis en place, la palissade du débouché du pont était dressée, on achevait le retranchement du pont de Bourgogne dont la face principale, portée à trente pas en avant de l'Orvanne, barrait la route de Montereau ; on commençait des tranchées sur les routes, on entrelaçait des abatis sur tous les chemins donnant accès dans la ville et particulièrement sur celui de Saint-Mammès. Des sapeurs allaient être envoyés avec 200 kilos de poudre pour miner le grand pont, charger les fourneaux et disposer les saucissons d'amorce[1]. Encore trois jours et les travaux de défense seraient complètement terminés[2].

Quant aux habitants ils commencèrent, dès ce moment, à construire des cachettes dans les endroits dissimulés de leurs demeures pour y renfermer ce qu'ils possédaient de plus précieux. Nous lisons dans un manuscrit de l'époque : « L'approche » de l'ennemi avait jeté de toute part la consterna- » tion. Le vague effroi des malheurs que l'on pres- » sentait communiquait une activité sourde et mys- » térieuse à tous les bras..... Je parle des mille » *cachettes* où furent déposés depuis l'humble tim- » bale d'argent de l'ouvrier jusqu'au service en or » de l'homme opulent....; que de richesses reçurent » la terre et les murailles !

» Les trappes invisibles, les portes secrètes, les » boiseries mouvantes, enfin tout l'attirail des ro- » mans à apparitions fut mis en usage. — De même » que la tempête purifie l'air en chassant les exha- » laisons morbides, l'effroi avait banni du cœur des » hommes les haines et les petites passions. On se » rapprochait mutuellement, on s'aimait davantage, » on avait l'un dans l'autre une confiance sans bor- » nes. Ceux à qui leur habitation ne permettait pas » de fouilles secrètes, portaient résolument chez un » ami, chez un voisin, ce qu'ils avaient de précieux; » et, chose admirable, après le danger, chacun re-

---

1. *Archives historiques de la guerre*, rapport de M. Eustache, ingénieur en chef, au ministre sur la rupture des ponts de la Seine, de l'Yonne et du Loing.

2. *Pajol*, par le général de division comte Pajol, pp. 124 et 125.

» prit son bien, sans infidélité, sans contestation[1]. »

A Montereau, Pont-sur-Yonne, Nemours, les préparatifs avaient atteint, un peu plus ou un peu moins, le même degré d'avancement.

Le général Merlin, chargé par le ministre de la guerre de visiter Montereau et Moret, put confirmer ces renseignements à sa rentrée à Paris[2].

Les rapports écrits adressés par les officiers généraux commandant les troupes ne suffisaient pas à l'empereur; à chaque instant il envoyait des officiers de son entourage reconnaître les emplacements des corps, l'état des troupes, les moyens de défense. Dans les premiers jours de février, l'aide de camp Carbonel parcourut la haute Seine et la vallée du Loing. Le 5 février, étant à Nemours, il rendait compte en ces termes : « Non seulement les gardes » nationales du département de Seine-et-Marne sont » bien composées, bien habillées et bien armées, » mais encore la garde nationale sédentaire est sur » pied partout : les villes et les villages se gardent » avec soin et les obstacles se multiplient à chaque » pas pour arrêter l'ennemi. Il était impossible de » tirer plus de parti de l'excellent esprit des habitants » de ce pays. » Il consignait, dans le même rapport, la présence à Montereau, sous le général Pacthod, des gardes nationaux de Seine-et-Marne, Indre-et-Loire, Loir-et-Cher, Sarthe, Eure-et-Loir, Mayenne et Maine-et-Loire[3].

---

1. *Abeille de Fontainebleau* du 16 novembre 1900, Chronologie des fastes de Fontainebleau.—*Extraits d'un manuscrit inédit d'Alexis Durand.*
2. *Archives historiques de la guerre,* le général Merlin au ministre.
3. *Archives nationales,* AF. IV, 1669 (rapport de l'aide de camp Carbonel).

Le comte de Plancy, préfet de Seine-et-Marne, se plaisait à constater le calme des populations de son département et informait le ministre de la guerre que, dans chaque commune, la garde nationale était prête. « Tous nos points, disait-il, seront bien gardés » et bien défendus. Si les autres parties de la France » avaient notre attitude, les ennemis auraient moins » d'audace[1]. » Malheureusement, avec des troupes improvisées, l'expérience l'a toujours démontré, la défense ne saurait dépasser certaines limites; nous noterons toutefois avec satisfaction que, dans notre région, on attendait sans faiblesse et sans crainte les suites incertaines de la guerre.

Le comte de Plancy, ancien officier de cavalerie, se montra digne d'ailleurs de diriger, en ces temps difficiles, le département de Seine-et-Marne : il fit preuve de la plus grande énergie et de la plus grande activité en assurant les approvisionnements de l'armée, en réunissant les gardes nationales, en imaginant les moyens les plus propres au transport rapide des troupes[2]. Plus d'une fois on le vit à cheval dès cinq heures du matin, allant se rendre compte, avec une escorte de gendarmerie, de ce qui se passait sur les points envahis ou menacés[3]; le 5 février, il se trouvait à Nemours[4].

Il fut secondé dans l'accomplissement de sa tâche

---

1. *Archives historiques de la guerre*, correspondance. Le préfet de Seine-et-Marne au ministre.

2. *Pajol*, par le général de division comte Pajol, p. 128.

3. *Archives historiques de la guerre*, le général Chanez au général commandant la 1re division militaire et la ville de Paris.

4. *Archives nationales*, AF. IV, 1669.

par le général Chanez, commandant la subdivision militaire, lequel écrivait à son chef direct : « Nous » ferons tout ce qu'on doit attendre..... à la vie, à la » mort ! »[1].

A cette même date du 5 février, Napoléon est à hauteur de Troyes, derrière la Seine ; en face de lui, les deux armées ennemies sont concentrées sur l'Aube. La situation est désespérée. L'empereur n'a plus d'espoir qu'en une faute des alliés.

Cette faute, les alliés vont la commettre. Au lieu d'opérer ensemble, sous le prétexte de faire vivre plus facilement leurs hommes, ils se séparent en deux colonnes : l'armée de Silésie marchera sur Paris en prenant la vallée de la Marne par Châlons et Meaux ; l'armée de Bohême suivra la vallée de la Seine par Troyes, Montereau, Fontainebleau, Melun.

Le plan de Napoléon est dès lors arrêté ; il écrasera ces deux groupes l'un après l'autre.

L'ennemi semble s'y prêter. Le téméraire Blücher ne perd pas un instant et va très vite, tandis que Schwarzenberg, « l'éternel temporisateur », s'avance très lentement. L'armée de Silésie est déjà assez loin sur la route de Châlons à Paris, que l'armée de Bohême marche encore « processionnellement » sur Troyes.

Cette circonstance laisse à l'Empereur la liberté de ses mouvements ; il en profite pour appeler à lui de nouveaux renforts, pour se ramasser avant de se jeter sur l'adversaire. C'est Blücher qu'il choisit tout

1. Catalogue Noël Charavay, n° 301.

d'abord comme objectif, parce qu'il prête le flanc, parce que ses quatre corps se suivent à une grande distance les uns des autres.

Le 9 février, il part à la rencontre du général prussien, tombe sur lui comme la foudre et bat successivement ses quatre colonnes, le 11 à Champaubert, le 12 à Montmirail, le 13 à Château-Thierry, le 14 à Vauchamps.

L'armée de Silésie est en pleine déroute.

II

Pendant ces derniers événements, c'est-à-dire depuis le 5 février, que s'était-il passé dans la vallée de la Seine?

Quelques jours avant de quitter l'Aube et la Seine pour courir sur Blücher, Napoléon avait disposé en face de Schwarzenberg les corps de Victor et d'Oudinot. Ces deux maréchaux occupaient alors Nogent, ayant derrière eux Pajol, à Montereau. A partir de ce moment, il fut entendu dans le corps de Pajol, qu'en prévision d'une retraite Allix garderait Sens, Pacthod le pont de Montereau, Pajol celui de Melun, Montbrun celui de Moret et la forêt de Fontainebleau.

Avant son départ, l'Empereur ordonna au général Pajol de porter la moitié de ses forces entre Sens et Nogent-sur-Seine et de se mettre en ligne avec Victor et Oudinot. En exécution de cet ordre, Pajol plaça des postes à Trainel, Fleurigny et Thorigny. Il se trouvait ainsi en communication avec les deux maréchaux et à proximité d'Allix, prêt à protéger Sens. Les 3500 gardes nationaux de Pacthod, répartis entre Montereau, Fossard et Moret, lui servaient de réserve. Montbrun occupait Pont-sur-Yonne.

Dans leur ensemble, les troupes de Victor, d'Oudinot, de Pajol et d'Allix constituaient une barrière judicieusement établie, mais d'une insuffisante solidité : 20000 Français avaient à contenir 100000 Austro-Russes[1].

Le 8 février, après avoir pris ses positions, Pajol lança une forte reconnaissance pour assurer ses relations avec Nogent et débarrasser le pays des bandes de cosaques qui l'infestaient. Ses éclaireurs lui ayant rapporté que l'ennemi paraissait vouloir gagner le Loing en tournant Sens, il envoya 200 dragons sur Dollot et Chéroy ; ces dragons l'informèrent qu'un corps de 6000 chevaux commandé par l'hetman général Platow, était parvenu jusqu'à Villeneuve-sur-Yonne[2] et avait détaché 600 cosaques sur Courtenay dans le but de menacer Nemours et Montargis[3]. Aussi bien est-ce à dater de ce jour que les coureurs alliés commencèrent à se répandre sérieusement dans la vallée du Loing : une de leurs bandes enleva un courrier près de Montargis, une autre fit une apparition à Ferrières où elle laissa un poste d'observation pour continuer sur Nemours.

---

1. *Correspondance de Napoléon*, nos 21201 et 21209. — *Pajol*, par le général de division comte Pajol, t. III, pp. 125 et 126 (pièce justificative n° XLI). — *Archives nationales*, AF. IV, 1669.

2. *Archives historiques de la guerre*, Pajol au ministre. — *Archives nationales*, AF. IV, 1669.

3. *Pajol*, par le général de division comte Pajol, t. III, pp. 126 et 127. — *Archives nationales*, AF. IV, 1669.

Pajol, tout en agissant sur son front, n'omettait point de prêter attention à sa réserve; c'est ainsi que, ce même 8 février, il prescrivit au général Pacthod de faire partir pour Moret 1000 hommes nouvellement armés venant du Loiret et de Loir-et-Cher[1]. Un service de subsistances fut alors institué dans notre ville. Tous les matins Chomet, Hamelin, Margaron allaient à tour de rôle, avec leurs voitures, chercher du pain soit au magasin de Fontainebleau, soit à celui de Montereau, pour l'alimentation des troupes stationnées à Moret[2].

Les mouvements de l'ennemi permettaient de pénétrer ses intentions. Schwarzenberg, instruit du départ de l'Empereur et connaissant la faiblesse du rideau qui lui était opposé, prit l'offensive. Son projet consistait à s'avancer sur Paris en deux colonnes, sur les deux rives de la Seine, l'une par Provins et Nangis, l'autre par Montereau, Moret et Fontainebleau. Les premiers échelons de la colonne de gauche, déjà à Villeneuve-l'Archevêque, Villeneuve-sur-Yonne voire autour de Sens, s'étendaient sur l'Yonne et sur le Loing pour éviter d'être surpris et débordés de ce côté. A n'en point douter, les mouvements de ces troupes convergeaient sur Fontainebleau. Dans ces conditions, les ponts de Nemours et de Moret devenaient la première ligne de défense de ce chef-lieu d'arrondissement; il importait donc de les conserver. Pajol fit des recommandations

---

1. *Archives historiques de la guerre,* Pajol au major général Berthier et au général Pacthod. — *Archives nationales,* AF. IV. 1669.

2. *Archives municipales de Moret,* série II.

formelles sur les moyens à employer : « On devait
» résister énergiquement aux attaques des cosaques
» et se défendre *jusqu'à la dernière extrémité* s'il
» se présentait de l'infanterie. »

Il fallait aussi s'attendre à une attaque sérieuse
sur Sens, et cela d'autant plus que le général Delort,
commandant les avant-postes de Pajol à Fleurigny,
signalait le 9 février le passage à Villeneuve-l'Archevêque de 1500 cosaques qui avaient fait préparer
des vivres pour 8000 hommes. Un autre détachement de 2000 chevaux occupait Joigny et avait jeté
5 à 600 cavaliers du côté de Nemours pour doubler
ceux qui patrouillaient déjà sur le Loing ; quelques-
uns d'entre eux passèrent à Fontenay, à Nargis et
s'aventurèrent jusqu'auprès de Souppes [1]. Mais ces
éclaireurs disséminés ne faisaient jusqu'à présent
que paraître et disparaître ; le corps principal des
cosaques demeurait immobile à Courtenay sous le
commandement de ce Platow dont la réputation a
été si considérablement surfaite : son indolence était
telle qu'il ne marchait que sur les ordres réitérés de
l'empereur de Russie et qu'on lui adjoignit le général major Kaïssaroff. La journée du 9 d'ailleurs fut
presque consacrée au repos ; l'ennemi se borna à
prononcer un peu plus son mouvement sur le Loing.

Le 10, ce mouvement fut encore accentué. Mais
les travaux de défense, partout achevés grâce au zèle

---

1. *Pajol*, par le général de division comte Pajol, t. III, pp. 127 et 128.

des ingénieurs, accumulaient les retards sur les pas des envahisseurs.

Quarante à cinquante cosaques, arrivés à Souppes à une heure du matin, rétablirent le pont préalablement détruit. Le colonel Lavigne, averti à temps, envoya de Nemours le capitaine Boguy. Celui-ci les chassa, leur tua ou blessa quelques hommes et fit à nouveau sauter le pont[1].

Un autre groupe de 700 cosaques d'élite, sous le commandement du général Sperhberg, vint de Courtenay à Château-Landon par la route de Ferrières. Sa mission était la suivante : se porter par Nemours, Larchant et Franchard sur Fontainebleau, y entrer de nuit et enlever le pape Pie VII s'il y résidait encore[2]. Au cas où l'on acquerrait en route la certitude que le pape n'était plus à Fontainebleau, forcer Nemours, suivre le canal jusqu'à Moret, couler les bateaux, sauf à conserver les denrées qu'ils pourraient contenir, puis pousser sur Montereau afin de tomber sur les derrières de Pajol.

Ayant appris le départ du pape de Fontainebleau[3], Sperhberg n'eut à exécuter que la seconde partie de ses instructions ; encore en fut-il empêché, car il ne put prendre Nemours. Il passa outre et répandit ses cosaques dans tout le pays, notamment à Montigny, à Villecerf et jusqu'à Ville-Saint-Jacques[4].

---

1. *Archives historiques de la guerre*, colonel Lavigne au préfet.

2. Rome fut réunie en 1809 à l'empire français. Ayant excommunié l'empereur Napoléon à la suite de cet événement, le pape Pie VII fut enlevé de Rome et conduit à Fontainebleau où il subit une dure captivité.

3. Il avait été emmené de Fontainebleau le 23 janvier pour être conduit à Savone et de là à Rome.

4. *Archives historiques de la guerre*, Oudinot au major général Berthier.

Le colonel Lavigne plaça aussitôt à Moret cinquante hommes « commandés par un brave officier »,
ainsi que plusieurs de ses élèves de l'École militaire
connaissant la manœuvre du canon. A partir du
10 février le pont de Moret fut intercepté, tant à
cause des travaux nécessités par l'établissement
de la mine, qu'à cause de la proximité des cosaques[1].

Le préfet, très émotionné de l'entrée effective de
l'ennemi dans son département, demanda au général
Pajol de faire parcourir les rives du Loing par de
fortes patrouilles[2]. Nous savons que le colonel Lavigne surveillait le terrain de Moret à Souppes.

Napoléon avait confié au maréchal Oudinot le
commandement supérieur des troupes opérant dans
la vallée de la Seine. Pajol devait donc subordonner
ses mouvements à ceux de son chef direct. Oudinot
ayant été contraint de se retirer de Nogent sur Provins, Pajol ne pouvait rester seul en avant de Pont-
sur-Yonne. Si l'on ajoute à cela que les incursions
des cosaques prenaient sur le Loing un caractère
inquiétant, on comprendra pourquoi, le 10 février, il
vint s'établir en arrière, à Fossard. Il arriva le soir à
ce hameau, distant de Montereau d'une demi-lieue[3].

Du reste, en exécutant ce mouvement, il ne faisait
que suivre les instructions de l'Empereur, qui avait
écrit au roi Joseph : « Le général Pajol a l'ordre,

---

1. *Archives municipales de Moret*, série H.
2. *Archives historiques de la guerre*, le préfet au général Pajol.
3. *Archives historiques de la guerre*, Pajol au ministre, Oudinot à Victor.
— *Archives nationales*, AF. IV, 1669.

» si l'ennemi pénétrait par la route de Sens, de se
» porter sur Pont, Montereau et Moret[1]. »

De Fossard, Pajol détacha la brigade de hussards
du général Coëtlosquet sur la route de Nemours, en
lui recommandant de se garder militairement, c'est-
à-dire avec une avant-garde et des flanqueurs. Au
lieu de prendre ces mesures élémentaires, la brigade
s'avança sans précaution, les fourriers précédant la
colonne, comme s'il s'agissait de faire un logement
en temps de paix. Près de Ville-Saint-Jacques, à la
nuit tombante, les fourriers donnèrent dans le bivouac des cosaques et « furent ramenés grand train
» sur la brigade ». Le général de Coëtlosquet,
croyant sans doute sa reconnaissance terminée, ré-
trograda sur Montereau.

Pajol lui infligea un blâme pour s'être attiré béné-
volement cette échauffourée et surtout pour ne rapporter aucun renseignement utile. Puis, ayant reçu
le même jour un renfort de gendarmes venant de
l'armée d'Espagne, vieux soldats aguerris et bien
trempés, il en fit partir une centaine pendant la nuit
pour réparer l'échec des hussards. Les gendarmes,
marchant en silence, tombèrent à une heure du matin au milieu des cosaques et passèrent à la baïonnette ceux qui ne purent s'échapper ; les cosaques
revinrent bientôt en nombre, les nôtres se retirèrent.
Ils en savaient assez pour informer leur général que
les villages de Ville-Saint-Jacques et de Villecerf
« se trouvaient remplis d'ennemis[2] ». Ces trou-

---

1. *Correspondance de Napoléon*, n° 21134, au roi Joseph.
2. *Pajol*, par le général de division comte Pajol, t. III, p. 130. — *Archives nationales*, AF. IV, 1669.

pes, nous l'avons dit, étaient celles de Sperhberg.

Cependant Allix, encore à Sens avec 15oo soldats, y était attaqué ce 10 février par 4000 hommes sous le prince de Wurtemberg[1]. Il avait reçu l'ordre, s'il ne pouvait résister, de rallier le général Montbrun à Pont, et de se rabattre avec lui sur Montereau[2].

Pajol projetait de « se resserrer sur Moret » pour défendre le passage du Loing et couvrir Fontaine-bleau. Croyant que les cosaques de Ville-Saint-Jacques ne tiendraient pas devant lui, estimant que Nemours retarderait l'ennemi signalé de ce côté et qu'il aurait ainsi le temps d'atteindre le Loing, il voulait réunir à Moret 2000 hommes et 1200 che-vaux[3].

Le 11 février, avant le jour, il demandait au géné-ral Pacthod « tout ce qu'il avait de disponible[4] ». A six heures du matin, il se préparait à se rendre à Moret, lorsqu'il s'aperçut que les alliés occupaient la grande route de Moret à Fossard, au lieu dit *la Colonne*. Se voyant devancé sur le Loing, il prit la détermination de garder Fossard avec sa cavalerie et de demeurer à Montereau avec son infanterie. L'ar-mée coalisée ayant déjà sa gauche très en avant, il paraissait vraisemblable qu'elle ne risquerait pas une marche de flanc sur Fontainebleau, en laissant

1. *Archives historiques de la guerre*, Allix au ministre.

2. *Pajol*, par le général de division comte Pajol, t. III, p. 13o. — *Ar-chives nationales*, AF. IV, 1669.

3. *Archives historiques de la guerre*, Pajol au ministre. — *Archives nationales*, AF. IV, 1669.

4. *Archives historiques de la guerre*, Pajol au ministre. — *Archives nationales*, AF. IV, 1669.

à Sens et à Montereau des forces françaises encore solides. C'est précisément ce que pensait Napoléon ; aussi, annonçant son prochain retour sur la Seine au roi Joseph, écrivait-il : « Je ne pense pas que » Schwarzenberg s'enfourne sur Fontainebleau... » les Autrichiens connaissent trop ma manière » d'opérer et en ont trop longtemps porté les mar- » ques. » Et pourtant on lit dans la même lettre : « Je tremble que ces coquins de Russes ne mettent » le feu à Fontainebleau. »

Du reste, dans l'esprit de l'Empereur, Montereau devait servir de centre de résistance contre Schwar-zenberg, sous la haute direction d'Oudinot, avec Moret en seconde ligne. Pajol se conformait donc au plan général en cherchant à rassembler des trou-pes dans cette dernière ville. Nous venons de voir comment il en fut empêché[1].

En s'installant à Montereau, Pajol espérait attirer à lui les principaux efforts de l'ennemi et s'y défendre assez longtemps pour permettre au maréchal Oudi-not de le secourir[2].

Les alliés ne se bornèrent pas à rester aux prises toute la journée avec nos avant-postes de Fossard, ils firent encore des démonstrations sur Nemours et sur Moret. Sur ce dernier point, les cosaques trou-vèrent bonne contenance ; les habitants les reçurent à coups de fusil et les repoussèrent sur Écuelles[3]. Telle fut leur première apparition à Moret.

---

1. *Correspondance de Napoléon*, nos 21227 et 21236.
2. *Pajol*, par le général de division comte Pajol, t. III, p. 131.
3. *Archives historiques de la guerre*, le préfet au ministre.

Originaires des bords de la mer d'Azof et des rives du Don, ces cosaques étaient des hommes de type tartare, de taille médiocre, barbus et laids.

Leur habillement se composait d'une lévite croisée sur le devant et retenue autour des reins par une ceinture. Les plus cossus portaient cette sorte de soutane en drap bleu et la ceinture d'étoffe rouge. Par dessus ils mettaient des peaux de mouton ou un manteau de peau d'ours. Certains se coiffaient la tête d'un bonnet haut et cylindrique, les autres d'un chapeau à larges bords, semblable à celui de nos Auvergnats. Sans avoir à proprement parler d'uniforme, ils semblaient se complaire dans des vêtements déguenillés et graisseux.

Quelques-uns voyageaient sur des chariots, presque tous allaient à cheval. Ils montaient des chevaux à longs crins, maigres, mal faits, galopant le nez au vent, mais vigoureux et bons coureurs. Huchés sur des selles très hautes, ils passaient cependant pour d'excellents cavaliers. Ces selles, dites selles cosaques, ménageaient sur le dos du cheval un vide qui servait à garder le butin. Ne connaissant pas l'usage des éperons, ils les remplaçaient ordinairement par un fouet; leur lance, qu'ils manœuvraient avec adresse, était une pique grossière de huit à dix pieds de long.

Accoutumés à la rapine, quand ils ne trouvaient pas d'ennemis à piller, ils volaient leurs chefs ou se volaient entre eux; « ils paraissaient plutôt appar- » tenir à la troupe de Cartouche qu'à l'armée d'un » des principaux souverains d'Europe. »

A côté de ces bandits, on comptait des cosaques

dénommés *réguliers*, un peu mieux habillés, un peu mieux disciplinés peut-être, mais à peine différents des premiers et comme eux grands mangeurs de suif et de chandelles. Tous ne comprenaient qu'une seule réprimande, la *schlague*.

Leur bravoure personnelle était d'ailleurs fort discutable, nous en donnerons des preuves au cours de ce récit.

Le jour même où les cosaques parurent devant Moret, le prince de Wurtemberg attaquait Sens avec 10000 hommes. Les habitants et les troupes de la défense opposèrent une résistance acharnée ; un bombardement de deux heures ne parvint pas à ébranler leur moral. Peut-être Allix aurait-il pu conserver la ville si un traître n'eût indiqué aux assaillants une petite porte du collège fraîchement murée avec des matériaux insuffisants. C'est par cette porte que le prince de Hohenlohe pénétra dans la ville à la tête d'un régiment d'infanterie. Allix eut le temps de se replier sur la rive gauche, dans le faubourg d'Yonne. Il évacua Sens à sept heures du soir et se retira à Pont, où il fut recueilli par le général Montbrun [1].

La perte de Sens aggravait la situation. Si les alliés passaient les ponts de Moret et de Nemours rien ne pouvait les empêcher de s'emparer de Fontainebleau et de gagner Paris. Il fallait pourtant couvrir la capitale et donner le temps à Napoléon de revenir sur Schwarzenberg. Aussi le maréchal Oudinot pressa-t-il le major général d'expédier des ren-

[1]. *Pajol*, par le général de division comte Pajol, t. III, p. 131.

forts sur Fontainebleau[1]. Le roi Joseph et le duc de Feltre, ministre de la guerre, en firent partir de Paris : une brigade de la garde vint prendre position à Villejuif, une autre à Essonne. Ces deux brigades furent placées sous le commandement du général de division Charpentier[2]; nous verrons plus loin le rôle qu'elles eurent à remplir.

Le 12 février, l'armée austro-russe, maîtresse du terrain de Bray à Sens, menaçait Nemours, Moret, Fontainebleau. Toutefois, Pajol, rejoint par Allix et Montbrun, tenait toujours Fossard et Montereau où il activait les travaux de défense ; ses troupes occupaient la ville et les hauteurs en arrière ; Oudinot l'informait qu'il venait à lui. L'ennemi ne pouvait avancer sans nous déloger de cette position[3].

Les cavaliers de Platow, ayant leur gros à Souppes, tiraillaient jour et nuit avec les hommes du colonel Lavigne et portaient la désolation dans les villages entre Nemours et Moret. Un parti chercha à traverser le gué de Montigny ; la présence d'un bataillon d'élèves de l'École de Fontainebleau et de forestiers lui fit tourner bride[4] ; le garde Jorel, du parquet d'Avon, tua un cosaque[5].

La ligne du Loing était attaquée.

Le colonel Lavigne ne disposait que de peu de monde ; sur sa demande, le préfet achemina 300 che-

---

1. *Archives historiques de la guerre*, Oudinot au major général.
2. Du Casse, *Mémoires du roi Joseph*, t. X, p. 103. Le roi Joseph à Napoléon.
3. *Pajol*, par le général de division comte Pajol, t. III, p. 132.
4. *Archives historiques de la guerre*, le colonel Lavigne au préfet.
5. Domet, *La forêt de Fontainebleau*, p. 96.

vaux et 200 hommes de bonne infanterie sur Fontainebleau « où l'alarme était grande[1] ». Cette troupe
servit au colonel à culbuter 300 cosaques qui four-
rageaient à La Chapelle-la-Reine[2].

A Moret, l'ennemi ne reparut point le 12 février[3].
A cette date, Pajol y envoya le général Montbrun
avec 400 douaniers et forestiers ; il lui donna l'ordre
d'en défendre le pont « dont la conservation devenait si essentielle », et de résister jusqu'à la dernière extrémité[4]. Montbrun se logea avec ses deux
chevaux au milieu de la ville, à l'auberge *du Cygne*,
tenue par Jean-Baptiste Prieur[5].

Le général Strolz, aide-de-camp du roi Joseph, y
arriva également le soir pour s'informer de l'état des
choses sur le canal du Loing[6]. Le comte Chasseloup,
sénateur, avait déjà rempli pareille mission quelques
jours auparavant[7]. Napoléon avait confié à un certain nombre de sénateurs la mission de parcourir
les départements pour remonter les esprits ; en réalité, ils ne firent qu'amener la perturbation et augmenter les embarras.

Dans cette journée du 12, les colonnes wurtem-
bergeoises et autrichiennes débouchant de Sens,
atteignirent Pont-sur-Yonne ; le général Hardegg,

---

1. *Archives historiques de la guerre*, le préfet au colonel Lavigne.
2. *Archives historiques de la guerre*, le colonel Lavigne au préfet.
3. *Archives historiques de la guerre*, colonel Lavigne au préfet et
préfet au ministre.
4. *Archives nationales*, AF. IV, 1669. — *Archives historiques de la
guerre*, Pajol au ministre (15 février).
5. *Archives municipales de Moret*, série H. — Aujourd'hui maison
Moreau.
6. Du Casse, *Mémoires du roi Joseph*, t. X, p. 105.
7. *Archives historiques de la guerre*, le comte Chasseloup au ministre.

commandant une division autrichienne d'avant-garde prit, sitôt entré dans cette ville, des dispositions pour marcher sur Moret et Fontainebleau [1].

Les alliés s'approchent de plus en plus de notre pays et de plus en plus nombreux ; les mailles du filet se serrent.

La levée en masse avait été décrétée. Le préfet de Seine-et-Marne disait à ce sujet : « Nous trouve-
» rons encore des hommes animés d'un bon esprit
» et disposés à seconder les mesures du gouverne-
» ment [2]. »

Le 13 février, la tranquillité continua à régner à Moret et aux alentours. On n'aperçut qu'une patrouille volante venant de Voulx ; elle se montra sur les hauteurs qui dominent la ville vers la Colonne. Une fusillade s'étant fait entendre dans la direction de Nemours, — quelque engagement de cosaques avec les hommes du colonel Lavigne, — elle disparut. Ç'en fut assez cependant pour que ces coureurs informassent leur chef que les Français quittaient Fossard [3].

Pajol, tout en refoulant les cosaques en avant de Fossard, conservait soigneusement ses communications avec Oudinot du côté de Bray et de Provins. Il se rendait compte que c'était là qu'arriverait la portion principale de l'armée de Bohème. En effet, malgré un puissant effort, Oudinot, terrassé par le

---

1. *Pajol*, par le général de division comte Pajol, t. III, p. 132.
2. *Archives historiques de la guerre*, le préfet au ministre.
3. *Archives historiques de la guerre*, Pajol au ministre.

nombre, avait été obligé de se replier sur Nangis. En même temps, le maréchal Victor, après s'être maintenu à Nogent-sur-Seine jusqu'au 8 février, enfermé lui-même dans un cercle dont il ne pouvait sortir que par la route de Provins, profita de cette issue et rejoignit Oudinot à Nangis. La haute Seine se trouvait dégarnie jusqu'à Montereau. La petite armée de Pajol, à présent en l'air, risquait de se voir séparée d'Oudinot et de Victor ; impossible de la laisser dans cette position. C'est pour ce motif que Pajol fit reculer ses avant-postes de Fossard sur Montereau et se prépara à s'éloigner de cette ville[1].

Moret restait maintenant à découvert, aussi n'est-ce pas sans raison que le colonel Lavigne y envoya à nouveau quelques centaines d'hommes qui se réunirent aux troupes du général Montbrun[2]. Des dragons et des chasseurs du corps de Pajol, au nombre de 80, en augmentèrent encore la garnison[3].

Ces précautions, ces renforcements, semblent inexplicables en regard du calme qui régnait en avant de Moret et de Nemours. Ce calme n'était qu'apparent ; il résultait de ce fait que les succès de Napoléon les 11 et 12 février, à Champaubert et à Montmirail, contre les colonnes isolées de Blücher, rendaient Schwarzenberg hésitant et circonspect.

Le 14, à la pointe du jour, au grand désespoir des habitants, Pajol évacuait Montereau après

---

1. *Pajol,* par le général de division comte Pajol, t. III, p. 133.

2. *Archives historiques de la guerre,* le général Chanez au général commandant la 1re division militaire et la ville de Paris.

3. *Archives nationales,* AF. IV, 1669. — *Archives municipales de Moret,* série H.

avoir fait jouer la poudre sous le pont de Seine ; il suivit la route de Melun pour aller bivouaquer au Châtelet. Derrière lui, les Wurtembergeois et les Autrichiens entrèrent dans la ville par la porte du Gâtinais ainsi que par le chemin de Bray ; ils rétablirent immédiatement le pont, peu endommagé par la mine.

A l'autre extrémité de notre ligne, le major Legros s'était vu forcé de se retirer de Montargis.

Quant aux places de Moret et de Nemours, bien qu'elles fussent en notre pouvoir, elles se trouvaient dans une situation extrêmement critique, car les alliés prenaient possession de tous les points que nous abandonnions[1]. Le colonel Lavigne avait toujours ses postes échelonnés entre ces deux villes, notamment au gué de Montigny, mais la faiblesse de ses effectifs lui enlevait tout espoir de garder ses emplacements[2].

Dans la journée Lavigne se concerta à Moret même avec le général Montbrun. Il fut décidé que Montbrun défendrait Moret et le colonel la route de Nemours, ainsi que le village de Grez dont on avait fait sauter le pont. Dans l'hypothèse d'une retraite, tous deux se rendraient à Fontainebleau pour y résister encore ; des retranchements venaient d'y être exécutés ; la forêt offrait d'ailleurs de grandes facilités et secondait ce dessein[3].

Selon ses instructions, Montbrun devait retarder

---

1. *Pajol*, par le général de division comte Pajol, t. III. p. 133.
2. *Archives historiques de la guerre*, le colonel Lavigne au préfet.
3. *Archives historiques de la guerre*, le colonel Lavigne au préfet. — *Pajol*, par le général de division comte Pajol, t. III, p. 133.

l'ennemi le plus longtemps possible devant Moret. Prévoyant le cas où la place serait investie, après entente avec le maire, il rassembla des denrées qu'il tira des communes voisines. Veneux-Nadon fournit 1000 bottes de foin et 4 vaches; Montigny 500 bottes de foin, 10 sacs d'avoine et 4 vaches; Thomery 2000 bottes de foin, 10 sacs d'avoine et une vache; Champagne 2 vaches; Saint-Mammès 2 vaches; Vernou 1000 bottes de foin, 50 sacs d'avoine et 6 vaches; La Celle, 10 sacs d'avoine; Samois 4 vaches; Samoreau 10 sacs d'avoine, 3 vaches. Au total 4500 bottes de foin, 100 sacs d'avoine, 26 vaches. Ce n'était pas énorme, mais en y ajoutant l'approvisionnement de la ville, toute préoccupation disparaissait quant aux vivres, au moins pendant quelques jours[1].

Le 14 février au soir, les positions des partis opposés étaient les suivantes :

De notre côté, les maréchaux Victor et Oudinot, continuant leur mouvement rétrograde, étaient venus s'établir à Brie-Comte-Robert, sur la petite rivière d'Yères qui traverse la Brie ; cette rivière était alors « débordée et non guéable ». Pajol, dépassant Melun, s'arrêta à leur hauteur et se lia, par Lieusaint et la forêt de Sénart, à la division Charpentier, campée sur la rive gauche de la Seine. Montbrun et Lavigne formaient, à Moret et à Nemours, une avant-ligne protégeant la forêt de Fontainebleau. Ces troupes, rangées devant Paris, étaient maintenant en état d'opposer à l'ennemi une résistance vigou-

---

1. *Archives municipales de Moret*, série H.

reuse et d'attendre que Napoléon, qui ce jour même achevait à Vauchamps la défaite de l'armée de Silésie, accourut à leur aide.

D'autre part, l'armée austro-russe cantonnait à Provins, Nangis, Montereau, Pont-sur-Yonne; les cosaques s'étendaient un peu partout, en avant, sur les flancs, et jusque vers Orléans; les réserves autrichienne, prussienne et russe étaient à Sens et à Bray[1].

Enfin une colonne se préparait à marcher sur Moret[2].

Parmi les troupes étrangères entrées à Montereau le 14 février figurait le corps autrichien du feld-maréehal Bianchi, dont faisait partie la division légère du feld-maréchal-lieutenant comte Ignace Hardegg, répartie entre Montereau, Varennes, Noisy, Esmans et Cannes.

Pour la journée du 15, Bianchi prescrivit au feld-maréchal Hardegg de cantonner à Villecerf avec le gros de sa division, de disposer ses avant-postes à Saint-Mammès, Épisy, Nonville, Nemours, et d'enlever Moret au cas où cette localité ne serait que faiblement occupée[3]. Les divers éléments de la division se trouvaient ainsi éloignés les uns des autres, mais

---

1. *Correspondance de Napoléon*, n° 21243, et *Pajol*, par le général de division comte Pajol, pp. 135 et 136.

2. *Archives historiques de la guerre*, Pajol au ministre.

3. La plus grande partie des renseignements qui vont suivre sont tirés d'un journal militaire autrichien de 1842. Cet article a pour titre : *Die Einnahme von Moret am 15 februar 1814, von Anton Marx, Oberlieutenant im 19 Linen infanterie Regimente Landgraf Hessen-Hombourg* (Wien, A. Strauss, 1842).

Carte
pour la prise de Moret.

Echelle $\frac{1}{10000}$

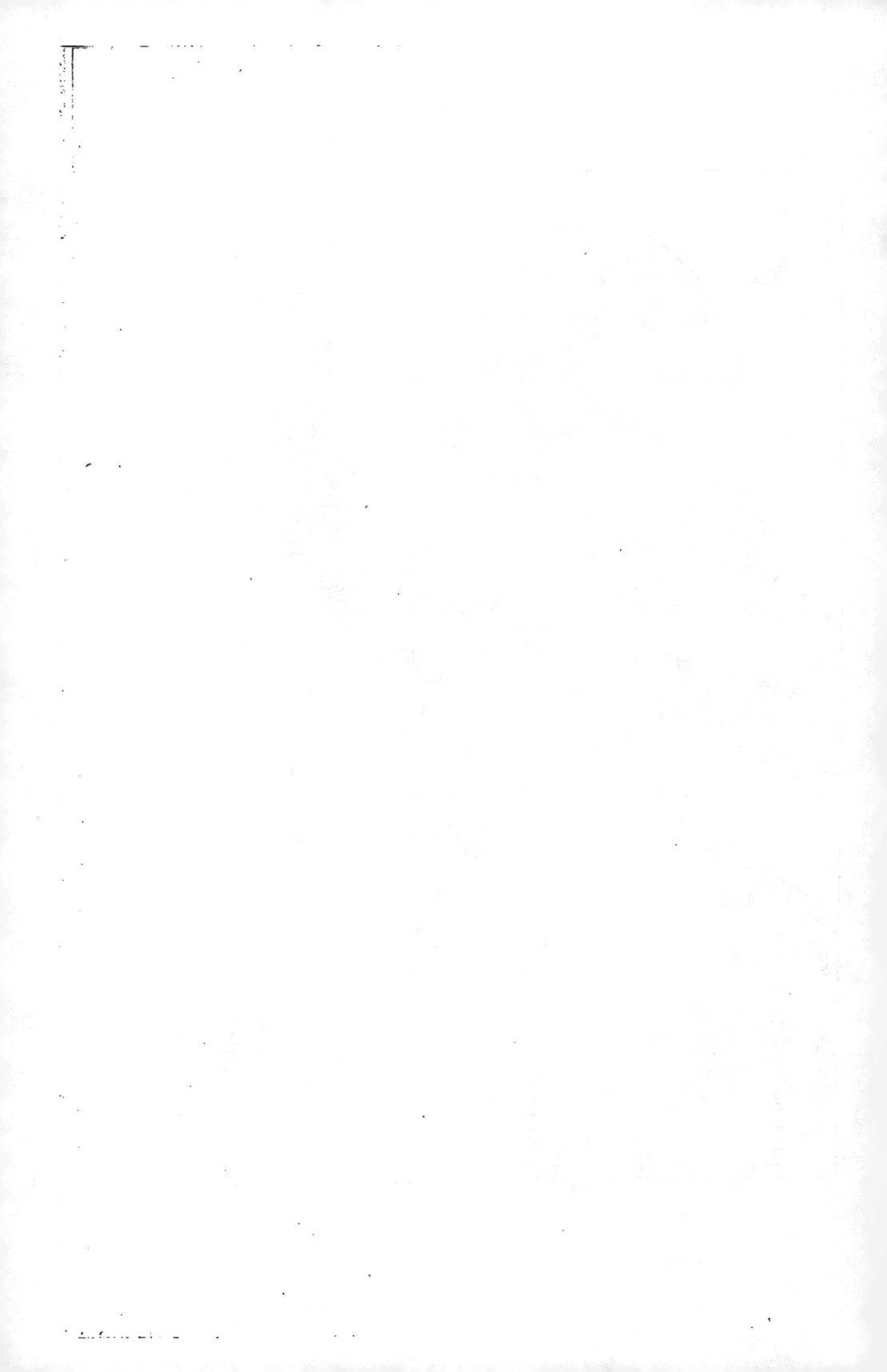

il faut considérer qu'elle était plus forte en cavalerie qu'en infanterie.

Cette division comprenait en effet : 2 bataillons de Deutschbanaters[1] du régiment des Szecklers (1100 hommes), 6 escadrons de dragons de l'Empire (618 hommes), 6 escadrons de hussards de Hesse-Hombourg (648 hommes), 2 escadrons de cosaques de Pülk (350 hommes), soit 1100 fantassins et 1616 cavaliers donnant un effectif de 2716 hommes, avec 6 pièces d'artillerie à cheval et 4 d'artillerie montée.

Le mardi 15 au matin, la division s'avança à portée de canon de Moret, sur la route de Montereau, sans rencontrer d'obstacles. Là, le capitaine comte Schönborn, qui se tenait à la pointe d'avant-garde, avertit le général Hardegg que les Français se préparaient à défendre la ville.

Cependant le corps principal arriva sur la hauteur de Belle-Alliance, plus communément appelée aujourd'hui montée de Saint-Lazare[2]. Cette hauteur est située à une demi-lieue de Moret que l'on découvre de ce point.

La petite ville de Moret, surtout avec les armes de l'époque, se prêtait avantageusement à une défense rapprochée. Dès les premiers pas, l'assaillant rencontrait l'ouvrage du pont de Bourgogne, armé de deux canons battant de plein fouet la route de Mon-

---

1. Soldats d'un banat ou principauté de Transylvanie.

2. Le nom de Belle-Alliance avait été donné à cette colline en souvenir de la rencontre de Louis XV et de Marie Leczinska le 4 septembre 1725, avant-veille de leur mariage à Fontainebleau.

tereau; des haies vives et des clôtures en garantis-
saient les approches sur la rive droite du canal,
particulièrement entre le moulin de la scierie et le
chemin de la Montagne-Creuse. Le ru de l'Orvanne
et le canal, sur lesquels s'appuyait le retranchement
par ses deux extrémités, formaient deux fossés suc-
cessifs empêchant de tourner le faubourg. Après
avoir conquis la redoute, après avoir traversé le faubourg dont la longueur permettait une défense pied
à pied, l'ennemi se heurtait à la barrière obstruant
l'entrée du pont; sur la place qui existe en ce point,
il se trouvait arrêté au centre d'un quadrilatère de
feux venant des tirailleurs abrités dans les habitations. Il lui fallait ensuite franchir le grand pont
enfilé par les défenseurs de la porte et flanqué par
ceux des maisons avoisinantes. Quant à la ville elle-
même, son mur d'enceinte, bien que datant du
moyen âge et ébréché par endroits, en rendait la
prise difficile à un adversaire qui aurait eu devant
lui des défenseurs résolus. Nous verrons qu'on ne
profita point de ces conditions favorables.

La garnison de Moret, sous les ordres du général
de brigade Montbrun, se composait de deux compagnies de chasseurs de Seine-et-Marne. stationnées
dans la ville depuis la fin de janvier, de 1000 gardes
nationaux du Loiret et de Loir-et-Cher[1] envoyés
par Pajol le 8 février, de 400 douaniers amenés par
Montbrun, de 80 cavaliers des 15ᵉ dragons et 4ᵉ chasseurs arrivés le 13 février, plus quelques centaines
d'hommes et d'élèves de l'École militaire, jetés dans

1. *Archives nationales*, AF. IV, 1669.

Moret en différentes fois par le colonel Lavigne. En tout 1800 hommes avec 5 pièces de canon.

Avant d'aller plus loin et pour l'intelligence de ce qui va suivre, il est nécessaire de dégager mentalement le terrain des constructions édifiées sur la route de Montereau, en avant de Moret; il n'y avait pas alors de maisons sur cette route[1], ou très peu.

Pendant que la division Hardegg prenait sa formation de combat derrière la crête de Saint-Lazare, hors des vues de la défense, un major autrichien se présenta en parlementaire pour sommer Montbrun de sortir de Moret et le prévenir que la troupe qui arrivait n'était que l'avant-garde d'un corps considérable d'Autrichiens, corps auquel il y avait lieu de préparer des vivres[2]. On lui refusa l'autorisation d'aller parler en personne au commandant de la place, un officier français se chargea de transmettre le message. Au bout d'une heure, le parlementaire, le dos tourné à la ville, attendait encore le résultat de sa démarche; impatienté, il ordonna à son trompette de sonner un appel et fit mine de s'approcher; mais il s'éloigna sans insister lorsqu'il vit qu'on lui en faisait le signe de la main en même temps qu'on lui criait : « Retirez-vous, nous ne pouvons pas. »

Grâce à ce stratagème, Montbrun gagna quelques instants pour mieux préparer ses moyens de défense. Durant cette heure en effet, la plus vive agitation ne cessa de régner dans Moret où l'on entendait ce

---

1. Aujourd'hui faubourg d'Écuelles.
2. *Archives historiques de la guerre*, Montbrun au major général Berthier. — *Archives municipales de Moret*, série H.

bruit sourd, continu, s'élevant sans cesse, qui précède le combat.

Le général Hardegg, entouré de son état-major, parcourait à cheval les hauteurs de Belle-Alliance et du larris de Beauregard d'où il apercevait l'intérieur de la ville. C'est ainsi qu'il vit défiler sur le grand pont une colonne d'infanterie se dirigeant vers le canal.

Comme nous l'avons dit, pour se saisir de Moret, il fallait emporter deux ponts et le faubourg qui les sépare. Conséquemment, il parut téméraire au comte Hardegg de forcer le passage avec le peu d'infanterie dont il disposait. Aussi demanda-t-il des renforts à Montereau et résolut-il, en les attendant, de ne livrer qu'une simple affaire de reconnaissance ; de cette façon, il découvrirait les mesures adoptées par la défense et s'assurerait de la solidité de ses troupes. D'après les circonstances, il déciderait du reste.

Revenu à Saint-Lazare, il lança des deux côtés de la grande route quatre compagnies du 1er bataillon des Deutschbanaters, laissant entre elles des intervalles dans la pensée que la garnison les prendrait pour des têtes de colonnes. Le reste du 1er bataillon fut placé en soutien à l'abri d'un mouvement de terrain ; le 2e bataillon demeura plus en arrière, en réserve.

Hardegg jugea expédient de s'emparer, en premier lieu, du pont du canal. Dans ce but, il porta en avant, sur le côté gauche de la route, la compagnie d'extrême gauche soutenue par six pièces d'artillerie. Le général-major Henri Hardegg, qui dirigeait la manœuvre, fit prendre position à sa batterie sur une

éminence, là où passe actuellement le chemin de
Montarlot, près de la propriété de Saint-Lazare; il
ouvrit le feu à deux heures de l'après-midi. La garnison riposta vivement avec les deux pièces de la
redoute. La compagnie d'extrême droite des Deutschbanaters reçut alors l'ordre de passer à l'offensive.
Le lieutenant en premier Schartinsky, chef de cette
fraction, forma une chaîne de tirailleurs, s'avança à
travers les enclos et s'approcha en se dissimulant
vers la gauche du retranchement. Les deux canons
français, battus sur leur droite par une artillerie supérieure, exposés sur leur gauche à un tir d'infanterie nuisible au service rapide des pièces, furent
bientôt réduits à ralentir leur feu. Saisissant cet instant d'hésitation, le lieutenant Schartinsky et ses
tirailleurs se précipitèrent sur la redoute qu'ils enle-
vèrent d'assaut. Les autres compagnies de première
ligne, qui avaient suivi le mouvement, entrèrent dans
l'ouvrage baïonnette bas. Les quatre compagnies
autrichiennes restèrent maîtresses du retranchement
où les Français perdirent une pièce.

Le nommé Sage-Dieu, horloger à Moret, resta
sur place et fit partir encore une fois le canon. Après
cette action d'éclat, il parvint à échapper aux Autrichiens et s'enfuit dans la forêt. Pauvre, maladif,
corps débile et grand cœur, il mourut l'année suivante, en 1815, à l'âge de 39 ans; bien que célibataire
il laissait un enfant[1].

---

1. *Archives municipales de Moret*, série H. — A la suite de la guerre
de 1870, on a gravé sur la façade de l'hôtel de ville les noms des soldats
du canton morts pour la patrie; pourquoi n'y inscrirait-on pas, avec une
mention spéciale, le nom de l'horloger Sage-Dieu?

Les assaillants poursuivirent les nôtres par la longue rue du faubourg et parvinrent en même temps qu'eux près du pont du Loing. La réserve française, restée intacte sur ce point, fut rompue par les fuyards; elle abandonna la rive droite et la palissade construite au débouché du pont. Une pièce, mise en batterie sous la porte de la ville, ne put faire feu parce que, devant elle, Français et Autrichiens étaient momentanément confondus. Malgré le tir d'infanterie partant des murs de la ville, le capitaine Wanzl, qui commandait le premier bataillon des Deutschbanaters, reforma sa troupe et l'entraîna au pas de charge sur le pont; mais, ne sachant s'il était miné, en chef prudent, il s'arrêta après avoir essuyé une décharge, se contenta de refouler les défenseurs et se replia.

Les Autrichiens se hâtèrent de démolir les palissades, de déblayer le pont, puis, revenant en nombre, de s'élancer de nouveau à l'attaque de la porte. Déjà quelques-uns d'entre eux atteignaient cette porte, lorsque, vers quatre heures, Montbrun fit sauter la quatrième arche du côté de la rive gauche et avec elle une partie des assaillants[1]. Un violent ébranlement se produisit : trois hommes furent tués du coup; le capitaine Wanzl, l'enseigne Weistmayer et six des leurs, projetés en amont dans cette partie de la rivière qu'on appelle le foulon, se sauvèrent à la nage et s'accrochèrent aux piles; on les retira de l'eau après le combat. L'explosion causa aussi des

---

1. Le pont fut réparé d'une façon sommaire dans le courant de l'année 1814; en 1816 on établit une travée en charpente sur l'arche rompue; enfin en 1852, il fut complètement restauré et élargi sur toute sa longueur (Rapport du Conseil général de 1892, p. 324).

dommages sérieux aux habitations voisines, notamment au café Robustel[1] et surtout au moulin de Mathurin Picard[2]; une pierre vint tomber en face de l'église, sur la maison de Pinault, taillandier[3].

Il n'en résulta qu'un retard de courte durée. Les Autrichiens trouvèrent des charpentes dans le moulin Juncker[4] et rétablirent les communications.

Une nouvelle apparition de l'ennemi près de la porte jeta le désordre dans la garnison. Les gardes nationaux, selon le mot de Montbrun, se montrèrent « étonnés » par la vivacité de l'attaque et par le feu que les obus mirent dans la ville. Les défenseurs éprouvèrent une émotion si intense, leur moral en fut tellement déprimé, la résistance devint tellement molle, que Montbrun se crut obligé d'évacuer Moret et de se retirer sur Fontainebleau après avoir perdu 25 hommes[5]. Il était quatre heures et demie ou cinq heures du soir.

Ce fut alors « la ruée des bataillons en avant ». Les Austro-Russes s'engouffrèrent sous la porte et

---

1. Aujourd'hui maison de E. Sauvé, libraire.

2. Actuellement moulin Graciot.

3. *Archives municipales de Moret*, série H.

4. Aujourd'hui moulin Provencher. — Ce moulin appartenait à M. Juncker, capitaine des grenadiers à cheval de la garde, celui-là même qui, plus tard, vint prendre sa retraite à Moret comme général de brigade.

Il y avait alors deux passerelles pour communiquer du pont au moulin Juncker, l'une pour entrer, l'autre pour sortir. La tradition veut que les assaillants se soient servis de ce passage, c'est contraire à ce que dit notre document. S'ils avaient pris ce chemin, ils auraient été forcés de défiler par le flanc à 30 ou 40 mètres du feu de mousqueterie venant des murs. D'ailleurs ils n'auraient pu déboucher sur le pont que un à un pour ainsi dire. Ce qui est certain, c'est qu'on aurait dû détruire les passerelles avant le combat.

5. *Archives historiques de la guerre*, Montbrun au major général.

se répandirent pêle-mêle dans les rues principales. La plupart des habitants, rentrés chez eux le cœur serré, prêtaient l'oreille anxieux, avec cette expression d'attente qui raidit les visages. Certains plus effrayés allèrent se cacher dans la forêt.

Les alliés commencèrent le pillage, mais il fut presque aussitôt suspendu sur les ordres du général Hardegg. Celui-ci, dès son arrivée, se rendit à l'hôtel de ville où il trouva le maire, M. Vieux, ainsi que tous les conseillers municipaux. Son premier acte d'autorité consista à réquisitionner 4000 livres de pain, 2 pièces de vin vieux et 7 vaches. On réunit ces denrées et on les distribua[1].

Le général poussa de suite ses avant-postes en avant de Moret et des Sablons, sous la protection des hussards de Hesse-Hombourg. Ce détachement parvint près de Fontainebleau sans que le terrain lui fut disputé comme il eût été facile de le faire. La plus grande partie de la cavalerie austro-russe s'établit en arrière de Moret, à Écuelles, Montarlot et Villecerf; dans ce dernier village cantonnait en entier et très à l'étroit le 6e régiment de dragons autrichien de l'Empire, dits dragons de Riesch[2].

Le soir venu, le maire de Moret fit « cinq fois » le tour de la ville et rentra à la mairie où il passa la nuit. Le calme régnait partout; chez les envahisseurs c'était la lassitude, chez les habitants la prostration.

---

1. Journal de l'Empire, *Rapport du maire de Moret*. — *Archives municipales de Moret*, série H.

2. *Geschichte des österreichischen Dragonnerregiments Riesch n° 6 in den Feldzügen 1813 und 1814*, von Ferdinand von Avemann-Leta, Oberlieutenant und Adjudanten dieses Regiments.

C'était le silence plus profond après le fracas de la lutte, plus impressionnant après le tumulte assourdissant de la fusillade et du canon.

Le même jour 15 février, la ville de Nemours, entourée depuis une huitaine d'une nuée de cosaques de Platow, leur ouvrit ses portes, mais après une canonnade qui avait duré toute l'après-midi et une partie de la nuit[1]. Excités par la résistance, les assiégeants, au nombre de 6000, commirent toutes sortes d'atrocités. Le capitaine Boguy avait défendu Nemours avec 240 hommes et 50 ou 60 élèves de l'École militaire; le malheureux officier fut fait prisonnier et traîné dans la ville attaché à une charrette. La garnison ne put échapper[2]. « Ces misérables » n'attaquent jamais que lorsqu'ils sont trente contre » un, dit le rapport du maire. Ils ont une peur extrême de nos paysans, on a vu 25 cosaques fuir » honteusement devant sept campagnards mal » armés. »[3]

Cette marche en avant de l'ennemi découvrait le chef-lieu du département. Le préfet ne s'estimant plus en sûreté à Melun, se réfugia à Brie-Comte-Robert le 15 au soir, avec les fonctionnaires de son administration[4].

Le comte Hardegg, resté en personne à Moret, se logea vis-à-vis la mairie, dans l'ancien hôtel de *la*

---

1. *Journal de l'Empire* du 24 février, p. 2.
2. Général de Vaudoncourt, *Histoire des campagnes de 1814 et 1815.*
3. *Moniteur* du 7 mars 1814, rapport du conseil municipal de Nemours.
4. *Archives historiques de la guerre*, correspondance. Le préfet au ministre de la guerre.

Belle Image alors habité par M. Clément, notaire [1]. Le mercredi 16 février, à dix heures du matin, il fit venir le maire, le prit par la main, lui offrit poliment un siège et engagea la conversation en ces termes flatteurs : « Monsieur le maire, vous êtes un brave » homme, je doute fort qu'il y ait ici beaucoup d'ha- » bitants qui vous ressemblent. » — « Mes conci- » toyens, répondit le maire, sont tous de braves » gens ; leur amour pour la patrie et pour Sa Majesté » l'empereur est un sûr garant de ce que j'avance. » — « Savez-vous, reprit le général, que la ville de » Nemours est en notre pouvoir, que je l'ai fait atta- » quer ce matin et que la garnison, généraux, offi- » ciers et soldats sont nos prisonniers? Vous le » voyez, rien ne peut résister à nos armes, dans huit » jours nous serons à Paris; votre Empereur vient » d'être encore repoussé et d'essuyer une sanglante » défaite. » — Le maire répliqua : « Vous me per- » mettrez de vous dire, Monsieur le général, qu'étant » Français et ancien chef de bataillon [2], il m'est » permis d'en juger différemment. » — « J'ai besoin » de quelques renseignements, continua le général, » j'espère que vous me les donnerez. » — « Très » volontiers, répartit le maire, pourvu qu'ils ne » blessent ni ma conscience, ni les devoirs d'un ma- » gistrat, car j'aimerais mieux périr mille fois que » de trahir ma patrie et la fidélité que je dois à mon

---

1. M. Spire Clément, nommé notaire à Moret le 13 octobre 1813, s'était marié avec Mlle Derichemont le 3 novembre de la même année. La maison de la *Belle Image* faisait partie des propres de Mlle Derichemont.

2. M. Vieux avait été chef de bataillon de la garde nationale pendant la période révolutionnaire.

» prince. » — « Il n'est pas question de cela, dit le
» général avec colère; puis prenant la carte du dé-
» partement, combien y a-t-il d'ici Saint-Mammès?
—« Monsieur le général, il n'y a qu'une demi-lieue. »
— « C'est bon, vous pouvez vous retirer. »

Le général voulait effrayer le maire sur le sort des
armées françaises, fût-ce au prix d'un mensonge, car
les victoires que Napoléon venaient de remporter
sur Blücher jetaient, au contraire, la consternation
parmi les alliés. Cet entretien, au regard de la dupli-
cité du général autrichien, fait ressortir le loyalisme
et le courage du maire de Moret.

M. Vieux était à peine revenu à la mairie qu'un
officier, du nom de Favera, lui signifia avec hauteur
de faire réunir sous deux heures les armes existant
dans Moret, ajoutant que, ce délai expiré, les maisons seraient visitées et « qu'on passerait au fil de
l'épée » les habitants chez lesquels on en découvrirait. Le maire donna des instructions, les armes
furent apportées, brisées et brûlées dans un champ
du faubourg d'Écuelles.

L'opération terminée, l'officier reparaît et dit au
maire : « Je suis commandant de la place, désormais
» vous n'aurez plus affaire qu'à moi. Je vous or-
» donne, de la part du général et sous peine d'exé-
» cution militaire pour votre ville, de me livrer de-
» main à dix heures du matin, 10000 bottes de foin,
» 5oo sacs d'avoine, 200 aunes de drap, 200 aunes
» de toile fine, 200 paires de souliers, 5o paires de
» bottes, 10000 livres de pain, 20 pièces de vin,
» 3o vaches, pour le besoin des troupes qu'on attend
» ici. » — Le maire veut se récrier, l'officier l'inter-

rompt d'un ton péremptoire : « Obéissez, ou votre
» ville sera pillée et réduite en cendres .»

Les exigences de l'ennemi croissaient d'heure en
heure.

A six heures du soir, une partie de la troupe de
ligne quitte Moret et part pour Fontainebleau ; des
cosaques les remplacent aussitôt.

Le maire, M. Vieux[1], était marchand drapier, rue
de l'Église, là où demeurent actuellement MM. Bray
père et fils. Neuf officiers de cosaques prirent logement chez lui avec leurs domestiques. En manière de
bienvenue, ces fâcheux et grossiers personnages
menacèrent Mme Vieux et sa servante Charlotte de
coups de bâton et les maltraitèrent, malgré l'empres-
sement avec lequel elles cherchaient à les satisfaire.

Pendant ce temps, M. Vieux est à la mairie. Aidé
de son adjoint, Daniel Fromager, il s'efforce de
suffire aux demandes sans cesse renaissantes des
Alliés. On ne lui permet pas de sortir, on lui montre
le poing, on l'insulte. — Il passa encore à l'hôtel de
ville une nuit pleine de tourments[2]. Il lui fallait pourtant secouer l'obsession de ses inquiétudes per-
sonnelles ; le salut de la ville reposait sur sa prudence et sa modération, sur sa sagesse et sa présence
d'esprit.

Dans cette journée du 16, vers dix heures du matin, un escadron de hussards hongrois, promettant

---

1. M. Vieux était originaire du département de la Drôme ; il avait alors
55 ans. Venu à Moret jeune encore comme tailleur d'habits, il s'y était
marié le 6 novembre 1781 avec Marie-Louise-Antoinette Jambon (*Archives
municipales de Moret*).

2. Journal de l'Empire, *Rapport du maire de Moret*.

protection et sûreté, se présenta à Fontainebleau à la grille de Maintenon. Mais déjà une trentaine de cosaques avaient pénétré jusqu'à l'hôtel de ville. Pendant que l'un d'entre eux parlementait avec le maire, M. Dubois d'Arneuville, ils restèrent rangés devant la mairie. « Ces messieurs faisaient, à » l'envi, quelques gentillesses à la manière des ours, » pour paraître aimables ; ils jetaient même, quelle » profanation ! sur les jeunes filles et les femmes, de » ces coups d'œil capables de donner la colique à la » plus intrépide. Ils se montrèrent d'une galanterie » si... épouvantable qu'ils n'eurent bientôt plus que » des hommes pour spectateurs. » Ils ne demeurèrent d'ailleurs que quelques instants et rejoignirent les leurs [1]. Le soir, un corps d'infanterie autrichien de 1000 hommes, venu de Moret, bivouaqua de l'obélisque à la place du Château ; les officiers seuls logèrent en ville. Malgré une sauvegarde destinée à garantir le palais, les cosaques se répandirent dans les cours, brisèrent des meubles et volèrent des couvertures. On dut placer des factionnaires pour empêcher de plus grandes déprédations. La ville fut frappée d'une réquisition de drap ; le maire refusa tout d'abord d'y donner suite ; devant des menaces de pillage il s'inclina. Les officiers visitèrent le château et demandèrent la carte de Cassini ; n'ayant découvert dans la bibliothèque qu'une petite carte des environs de Paris, ils l'emportèrent [2].

---

1. *Abeille de Fontainebleau* du 16 novembre 1900, Chronologie des fastes de Fontainebleau, *Extraits d'un manuscrit inédit* d'Alexis Durand.
2. *Journal de l'Empire* du 23 février — *Archives nationales*, AF. IV, 1669. — *Archives départementales*, 3 R. 41. — *Archives historiques de la*

Si l'ennemi entra ainsi sans coup férir à Fontaine-bleau, cela tient à ce que Montbrun, dès le matin du 16 et après avoir vainement attendu les troupes de Nemours, continua son mouvement de retraite sur Essonnes et Corbeil où il rallia la division Charpentier; il avait avec lui la garnison de Fontaine-bleau et celle de Moret[1].

Mais les nouvelles de plus en plus circonstanciées des défaites de Blücher arrêtèrent net la marche de Schwarzenberg. Pour les 16 et 17 février, il donna à ses corps l'ordre de rester dans leurs positions « afin d'attendre le développement des manœuvres de Napoléon ».

Ces manœuvres ne se firent pas attendre. L'Em-pereur, en apprenant que nos troupes reculent sur la Seine, cesse de poursuivre Blücher et se retourne contre Schwarzenberg; son intention est de tomber dans le flanc des Austro-Russes trop dispersés entre Nangis, Provins, Sens, Montereau, Moret, Fontai-nebleau, et de faire subir à Schwarzenberg le même sort qu'à Blücher. Entraînant ses soldats par son exemple et sa prodigieuse activité, le 15, pendant qu'on se bat à Moret, il est à Meaux. Le 16, il rejoint Victor et Oudinot près de l'Yères et porte ses co-lonnes sur Guignes. A sa droite, sur la rive gauche de la Seine, la division Charpentier et la division Pacthod du corps de Pajol, en position sur l'Es-

---

guerre, d'Arneuville, maire au préfet. — Dubois d'Arneuville, père de la baronne Lagorsse, avocat en Parlement, procureur du roi, bibliothécaire de l'école centrale de Fontainebleau en 1806 et maire de cette ville de-puis 1804 jusqu'à 1815. Mort en son château de Gironville le 5 juin 1823.

1. *Archives historiques de la guerre*, Montbrun au major général.

sonne, interceptent la route de Fontainebleau à Paris.

Cette soudaine apparition de Napoléon exaspéra les alliés. Aussi la nuit du 16 au 17 février fut-elle une nuit d'épouvante pour les habitants de Moret. Un certain nombre de citoyens, battus et pillés, quittèrent leur foyer pour se soustraire aux violences des cosaques, « des femmes et des jeunes filles furent également victimes de leurs brutalités ».

Le jeudi 17, à la première heure, le maire court chez le général pour le prier d'arrêter le désordre. Le général lui annonce qu'il va partir et que d'ailleurs, les cosaques formant un corps indépendant, il n'a aucun droit sur eux. Leur chef, prétend-il, va arriver incessamment, c'est à lui qu'il conviendra de s'adresser.

De retour à l'hôtel de ville, M. Vieux y rencontre le commandant Favera qui tempête pour avoir du papier : dix rames nouvellement apportées avaient été enlevées. Le maire fait remarquer l'abus, le commandant lui répond que ceux qui ont pris ce papier « en avaient sans doute besoin »; il en exige une plus grande quantité ainsi que de la cire d'Espagne.

Pendant cette scène, plusieurs habitants viennent réclamer contre les vexations dont ils sont l'objet; le commandant les frappe et les met à la porte.

Entre onze heures et midi, on avertit M. Vieux que sa maison est mise à sac par les officiers de cosaques ses commensaux. Il en fait part au général; celui-ci ordonne à un officier « décoré de plusieurs médailles » de l'accompagner chez lui. En ouvrant la porte, le maire voit sa femme en larmes; on lui avait tout pris, linge, marchandises et 3ooo francs en or. L'officier parle en russe à ses camarades et se tournant brusquement vers Mme Vieux : « Comment, » Madame, vous accusez des chefs de vous avoir » volée; c'est faux, vous mériteriez d'être punie. » Pour toute réponse, elle lui montra un de ses mouchoirs qui sortait de la poche d'un capitaine. L'officier décoré disparut.

M. Vieux rassure sa femme, la recommande à ses voisins et retourne à la mairie.

Ayant appelé près de lui les conseillers municipaux et « les hommes sages » de la ville, il les adjure de l'assister. Il charge les uns des réquisitions de guides, de chevaux ou de voitures, les autres de la distribution des vivres. Cette division du travail permet de faire le service avec célérité. Mais le commandant de place, loin d'en être satisfait, inventait des torts pour avoir occasion de les reprocher; sacrant, jurant, il parlait, sous les prétextes les plus futiles, de massacrer les habitants et de brûler la ville.

Sur ces entrefaites, Mme Vieux entre et informe son mari que les cosaques ont mangé son dîner. L'irascible Favera lui donne un démenti et la chasse en l'injuriant. — Apostrophant le maire, il lui commande de tenir prêts quatre guides à cheval pour l'hetman des cosaques. Hommes et chevaux sont bientôt réunis; les gardes montent à la mairie pour recevoir les ordres[1]. Pendant ce temps, les selles et

---

1. Ces scènes se passaient au premier étage, dans la salle actuelle de la justice de paix.

les brides disparaissent. Nouvelle plainte du maire
au général ; plainte inutile, il faut de suite en fournir
d'autres.

Enfin le commandant Favera part pour Fontainebleau. Un officier non moins brutal lui succède.
Le soir, le maire et son adjoint restent seuls à l'hôtel
de ville ; la terreur avait dispersé leurs collègues.

La tranquille petite ville de Moret n'avait jamais
subi sort pareil. N'est-il pas possible, sans contre-
venir aux règles de l'Histoire, de se représenter quelle
négligence régnait dans les logis? L'abandon, à coup
sûr, n'existait pas seulement dans l'intérieur des
maisons, mais encore dans les esprits. Ne sachant
ce que le lendemain serait, les habitants ne pouvaient
vivre que dans cet état de fièvre qui enfante des cau-
chemars. Ne semble-t-il pas qu'on les voit se cherchant les uns les autres et s'interrogeant anxieuse-
ment? L'inquiétude augmentait d'heure en heure.

Le comte Hardegg était allé à Fontainebleau dans
la journée pour visiter le palais[1] ; rentré à Moret, il
y trouva deux bataillons de fusiliers venus pour le
renforcer. De nouvelles troupes arrivent sur les
dix heures du soir ; 20, 30, 40 hommes entrent dans
les maisons qui leur conviennent. La garnison s'élève
alors à 4000 hommes.

Les cosaques firent en France une large consommation de vin de 1811, dit de *la Comète* ; se trouvant
à Moret dans un pays vignoble, ils en usèrent et abu-
sèrent nécessairement. Ils suivaient en cela l'exemple de leur chef, l'hetman Platow, qui passait ses

---

1. Journal de l'Empire du 23 février, p. 3.

nuits à boire, au point de ne pouvoir monter à cheval le matin[1].

Cette nuit fut plus terrible encore que la précédente. Les outrages redoublèrent envers les habitants, les femmes et les filles. La désolation était à son comble. Le maire, entouré d'une garde qui le retient à l'hôtel de ville, se désespère de ne pouvoir secourir ses concitoyens. « Trente fois » il fut insulté par les cosaques : n'imaginant pas d'autre moyen de se faire comprendre, ces brutes le saisissaient au collet pour l'entraîner vers leur général. Et le général de demander toujours des guides et de traiter M. Vieux « de scélérat de Français ». — « Vous me répondez » du guide sur votre tête, lui disait-il, s'il nous » trompe je vous fais couper par morceaux »[2].

Les officiers eux-mêmes paraissaient agités et nerveux. Cet affolement des chefs, ces excès de tous montraient assez que l'ennemi avait éprouvé des revers. Le bruit se répandit que des colonnes françaises venant d'Espagne s'approchaient de Moret. C'était l'Empereur lui-même qui s'avançait avec son armée[3], c'est-à-dire avec les corps de Ney, de Macdonald et de Gérard, joints à ceux de Victor, d'Oudinot, de Pajol et de Charpentier.

En effet, le 17 février, ranimés par sa présence, les Français se portent en avant sur tout leur front.

Pajol arrive avec son corps d'armée à Melun où le préfet rentre avec lui. L'Empereur exprime, à cette

1. Général Marbot, *Mémoires*, t. III, p. 156.
2. Journal de l'Empire, *Rapport du maire de Moret*.
3. *Die Einnahme von Moret*, von Marx.

occasion, son mécontentement d'avoir vu le préfet quitter le chef-lieu du département. Le soir même, après avoir ordonné de rétablir le pont, Pajol détache Allix sur la rive gauche de la Seine pour gagner Fontainebleau et Moret[1], et le fait suivre par la division Charpentier préalablement dirigée d'Essonnes sur Melun[2]. Les deux généraux rassemblèrent leurs troupes en dehors de Melun, puis ils convinrent de traverser la forêt avec précaution et de ne commencer le mouvement qu'à minuit, afin d'aborder Fontainebleau à la pointe du jour[3].

A l'autre aile, Napoléon s'ébranle avec le reste de l'armée et débouche de Guignes. Victor est en première ligne appuyé par Oudinot; Macdonald suit derrière avec la garde. L'ennemi, d'abord chassé de Mormant, recule sur Nangis.

Le succès de l'opération tenait au passage immédiat de la Seine : si Napoléon parvenait à la franchir avant les alliés, il prendrait à dos les retardataires et particulièrement les 12 à 15000 hommes de Bianchi et de Hardegg aventurés sur Nemours, Moret, Fontainebleau. Ce dernier corps, pour se retirer, était forcé de revenir sur Fossard. Or, la route en ce point se divise en deux embranchements, l'un qui conduit à Troyes par Montereau, Bray et Nogent; l'autre qui mène également à Troyes par Pont-sur-Yonne, Sens, Villeneuve-l'Archevêque. En devançant l'en-

---

1. *Pajol,* par le général Pajol, t. III, p. 140. — *Archives historiques de la guerre,* ordre de Napoléon expédié au major général. — *Correspondance de Napoléon,* n° 21276.

2. *Archives historiques de la guerre,* le général Charpentier au ministre

3. *Archives historiques de la guerre,* Allix au major général.

nemi à Fossard, Napoléon lui coupait ses deux lignes
de retraite et le mettait dans l'obligation de poser les
armes. Mais, pour parvenir à cette bifurcation, il
fallait que les ponts de Montereau fussent libres;
à moins cependant d'effectuer le passage de la Seine
à Bray ou à Nogent. Dans l'impossibilité de savoir
lequel des ponts de Montereau, de Bray ou de
Nogent serait le plus facile à conquérir, il dirigea
ses efforts sur les trois à la fois. S'il marcha de sa
personne avec la colonne allant sur Montereau, c'est
que les ponts de cette ville étant les plus proches
permettaient d'atteindre plus tôt les Autrichiens. De
plus, à Montereau, il ressaisissait d'un seul coup la
Seine et l'Yonne.

Il n'y avait pas une minute à perdre, il fallait
s'avancer vite et hardiment. C'est pour cette raison
que Napoléon recommanda d'une manière pressante
au maréchal Victor de se porter en avant malgré tout
et d'entrer à Montereau le soir même.

Mais au lieu de se conformer à ces instructions,
Victor ne dépassa point Salins. Deux heures de plus
il eût enlevé Montereau.

A la nouvelle de cette halte intempestive, la colère
de l'empereur fut violente contre le maréchal. Dans
la nuit du 17 au 18, il lui enjoignit « de quitter son lit
» sur le champ, d'arracher ses troupes à leur bivouac
» et de courir à Montereau » [1]. Il s'apprêta à s'y rendre
lui-même avec la garde.

Pajol était accouru de Melun pour prendre les
ordres. Napoléon lui prescrivit d'attaquer le len-

---

1. Thiers, *Consulat et Empire*.

demain l'avant-garde wurtembergeoise, pendant que Victor ferait irruption dans Montereau.

Le 18, à neuf heures du matin, Victor n'avait pas encore commencé le combat. Quand il se présenta sur la position, il trouva devant lui un corps important de Wurtembergeois. Ce corps avait marché toute la nuit pour venir s'établir sur le plateau de Surville qui couvre Montereau et domine les deux ponts de Seine et d'Yonne.

L'irritation de Napoléon en fut encore accrue, à tel point qu'au milieu de la lutte il ordonna à Victor de quitter l'armée et le remplaça par le maréchal Gérard[1].

Gérard, après plusieurs tentatives, put gagner les hauteurs de Surville d'où il délogea les alliés de vive force. Le brave et intelligent Pajol prend alors le galop à la tête d'un régiment de chasseurs, s'élance par le faubourg Saint-Nicolas et charge les Wurtembergeois accumulés dans la descente; l'artillerie, braquée sur le coteau, les crible de coups de canon.

C'est à ce moment que ce serait produit l'incident si connu du boulet « qui n'est pas encore fondu ». Par malheur, il paraît démontré que la phrase attri-

---

1. L'empereur a durement reproché à Victor de ne pas avoir occupé Montereau le 17 février. Si en effet Victor s'en fût emparé ce jour même, le lendemain 18 le corps de Bianchi, y compris celui de Hardegg, était séparé du gros de l'armée de Bohême et celle-ci était prise en pleine retraite. Mais, après avoir combattu toute la journée, Victor pouvait-il enlever Montereau? La chose est douteuse. Le maréchal, déjà éprouvé par la blessure de son gendre le général Château atteint mortellement à Surville, alla droit à l'empereur, lui annonça qu'il allait prendre un fusil et se placer dans le rang: Napoléon lui tendit la main.

buée à Napoléon en cette circonstance est purement
légendaire[1].

Quoi qu'il en soit, Pajol charge furieusement l'ennemi sur le pont. Les chasseurs le traversent pendant
qu'une mine éclate sous eux sans entamer la voûte.
De leur côté, les habitants de Montereau, exaspérés
par les excès des jours précédents, tirent sur les
alliés de leurs fenêtres. Ce fut une boucherie. Les
Wurtembergeois disparurent remontant la Seine et
l'Yonne.

Pajol ne s'attarda pas dans la ville et poussa jusqu'à Fossard. Le soir l'état-major général envoya le
régiment du colonel Ordener en découverte sur
Ville-Saint-Jacques; nous reviendrons sur cette reconnaissance[2].

Nous avons laissé les divisions Allix et Charpentier
rassemblées près de Melun sur la route de Fontainebleau. Ainsi qu'il était entendu, elles commencèrent
leur mouvement à minuit, Allix en pointe soutenu
par Charpentier et les troupes de Montbrun. Ayant
reçu quelques coups de feu de tirailleurs ennemis
placés sur la lisière de la forêt, les deux généraux
firent halte et décidèrent de ne pas s'y engager avant
le jour. Ils repartirent à six heures du matin. A la
hauteur en avant de la croix d'Augas, Allix rencontra
5oo hommes tant d'infanterie que de cavalerie; il les
refoula devant lui sans s'arrêter, en leur faisant subir
de sensibles pertes. A huit heures il parvenait en

---

1. Tondu-Nangis, *La bataille de Montereau*, avec notes et éclaircissements de P. Quesvers (Montereau, 1900, in-12).
2. *Archives nationales*, AF. IV, 1669.

vue de Fontainebleau où l'adversaire chercha à faire tête ; le feu recommença de part et d'autre avec vigueur.

Pendant ce temps, l'état-major autrichien était à la mairie, usant de violences envers M. d'Arneuville pour obtenir une forte contribution en argent. Mais celui-ci, assisté de M. de Larminat, demeurait ferme devant les menaces.

Au dehors, la compagnie française d'avant-garde, divisée en deux files, se coulant le long des maisons de la Grande-Rue, continuait à avancer en tirant. Le bruit de la fusillade s'entendait maintenant distinctement de la mairie ; si bien que M. d'Arneuville, s'adressant aux officiers autrichiens, s'écria avec énergie : *Messieurs, retirez-vous, ou je vous fais à mon tour prisonniers.* Ils se précipitèrent en effet et s'enfuirent avec le poste qui les gardait[1].

A neuf heures, le corps principal d'Allix entrait en ville dans le meilleur ordre. Le retour des Français à Fontainebleau fut un véritable triomphe en même temps qu'un spectacle attendrissant : la population rangée sur leur passage les accueillit avec des vivats et des acclamations enthousiastes, « citoyens et soldats pleuraient de joie ». Des particuliers armés de fusils se joignirent à la troupe.

Ces effusions retardèrent quelque peu la marche. Les ennemis en profitèrent pour se rallier au point où ils avaient installé leur bivouac, c'est-à-dire dans l'avenue de Maintenon, près de la porte Dorée. C'est

---

1. *Abeille de Fontainebleau* du 11 juin 1901, *Extraits d'un manuscrit inédit* d'Alexis Durand.

en cet endroit qu'ils offrirent la plus grande résistance ; un feu très vif de mousqueterie s'y engagea durant vingt ou trente minutes ; on en voit encore des traces sur la porte Dorée. Un détachement français qui s'était frayé un chemin par les écuries (les Héronnières) se préparait à prendre l'ennemi à revers, lorsque celui-ci se retira avec une extrême rapidité sur la route et dans la direction de Moret[1].

Dès que le comte Hardegg apprit à son quartier général de Moret l'approche des Français, il dépêcha un officier à Fontainebleau pour porter à ses troupes l'ordre de se replier. Cet officier arriva au moment où les nôtres allaient couper les Autrichiens ; de là leur retraite précipitée[2].

Le général Charpentier qui, en arrivant à Fontainebleau, avait continué à marcher droit devant lui, s'arrêta à l'obélisque, d'où il pourchassa quelques pelotons de hongrois, puis il renforça Allix de trois bataillons et d'un gros de cavalerie pour lui permettre de pousser l'ennemi jusqu'à Moret[3]. Ces bataillons de réserve, parmi lesquels se trouvaient un certain nombre d'habitants de Fontainebleau, vinrent jusqu'aux Sablons[4] pendant qu'Allix achevait la poursuite avec ses propres troupes.

Ainsi menés battant, le colonel Simony, des hus-

1. *Archives nationales*, AF. IV, 1669 : Rapport d'Allix au général Drouot, aide de camp de l'empereur. — *Archives historiques de la guerre*, Charpentier au major général. — Journal de l'Empire, 23 février, p. 3. — Voir aussi l'*Abeille de Fontainebleau* du 11 janvier 1501, *Extraits d'un manuscrit inédit* d'Alexis Durand.

2. *Die Einnahme von Moret*, von Marx.

3. *Archives historiques de la guerre*, Charpentier au major général.

4. *Archives nationales*, AF. IV, 1669. Rapport d'Allix.

sards de Hesse-Hombourg, et le colonel Koczy, des Deutschbanaters, réussirent pourtant à gagner Moret[1]; ils perdirent toutefois 80 prisonniers et 160 hommes tués ou blessés[2]. De pauvres diables d'Autrichiens se présentaient aux officiers demandant grâce; des pelotons entiers se rendaient soit en tenant leurs fusils la crosse en l'air, soit en portant la main droite à leur shako[3].

A Moret même, le général Hardegg, après avoir fait partir préalablement la cavalerie en station à Écuelles, Montarlot et Villecerf[4], prescrivit, dès le matin, de réquisitionner toutes les voitures disponibles; en attendant qu'elles fussent prêtes, il dressa un état des provisions qu'il voulait emporter.

Les voitures arrivées et chargées, on les fait filer sur la route de Montereau. Les alliés partent en même temps que les attelages, puis se rassemblent à la montée de Saint-Lazare et sur les hauteurs voisines d'où ils canonnent la ville pendant plusieurs heures[5].

Un boulet frappe, dans un angle, la maison portant le n° 5 de la Grande-Rue[6] et va s'enfoncer par ricochet dans une masure qui n'existe plus, mais qui se trouvait là où sont aujourd'hui les arcades de la porte de Samois[7]; on l'y laissa avec cette inscription

---

1. *Die Einnahme von Moret*, von Marx.
2. *Archives historiques de la guerre*, Allix au ministre.
3. Alexis Durand, *Fastes de Fontainebleau*, p. 305.
4. *Geschichte des österreichischen Dragonerregiments Reisch n° 6*.
5. Journal de l'Empire, *Rapport du maire de Moret*.
6. Maison où demeure aujourd'hui M. Geoffroy, couvreur.
7. Masure alors habitée par la mère Sérotte dont le nom est proverbial à Moret.

que nous reproduisons textuellement : *J'ai entré d'autorité le 18 février 1814*. A la démolition de la masure (1850), on le scella dans la porte même où il est encore, avec cette simple mention : *18 février 1814*. La direction du ricochet permet de fixer à peu près l'emplacement des pièces : elles furent mises en batterie à la crête du larris de Beauregard, sur une sorte de palier, près du sentier des Moines. Un autre boulet tomba sur un petit logement de la Grange-Taston ; il pénétra dans une maie. Enfin plus de cinquante maisons furent touchées, y compris celle du maire, et presque toutes aux abords de l'Église ; on peut évidemment en conclure que le clocher servait de point à viser [1]. C'est un coup isolé et pointé sur la porte de Samois qui s'abattit près de cette porte.

Ce véritable bombardement n'était pas seulement inspiré par la colère ou par l'amour de la destruction, il avait surtout pour motif la présence dans Moret des troupes d'Allix, arrivées au pas de charge à la suite des alliés et sur leurs talons [2]. Le bataillon du 153ᵉ y entra le premier. Le lieutenant Lebelin, de ce régiment, marchant en avant de sa section, s'élança sur le pont avec tant de vigueur qu'il empêcha les Autrichiens de le faire sauter [3].

Mais, nous l'avons vu, le corps principal des alliés avait pris position sur la rive droite du Loing. Allix tenta de forcer le pont du canal, il ne put y réussir.

---

1. *Archives municipales de Moret*, série H.
2. *Archives historiques de la guerre*, Allix au ministre.
3. *Archives nationales*, AF. IV, 1669.

Hardegg, informé du résultat de la bataille de Montereau, reçut l'ordre de battre en retraite sur l'Yonne. Il ne se hâta pas de s'y conformer ; il se, maintint au contraire sur ses emplacements, car il se rendait compte que, s'il cédait le passage du pont de Bourgogne, Allix pourrait se jeter à Fossard dans le flanc des Wurtembergeois[1]. Il est souvent impossible au général en chef de savoir ce qui se passe sur les points éloignés du champ de bataille, il doit alors se fier à l'intelligence et aux connaissances tactiques de ses subordonnés. En appliquant ce principe, Hardegg fit preuve d'habileté et de sang-froid.

Voyant ses efforts impuissants, Allix, dans le but de faire cesser la canonnade, adressa un parlementaire au général autrichien. Celui-ci ne consentit à entrer en pourparlers qu'à la condition que les Français ne traverseraient pas le pont du canal avant minuit. Allix accepta cette clause avec d'autant moins d'hésitation que ses hommes manquaient de munitions et succombaient de fatigue ; il faut se souvenir en effet que, demeurés sous les armes depuis le milieu de la nuit précédente, ses soldats étaient venus de Melun en combattant ; dans ces conditions, il devenait difficile à 1800 hommes d'attaquer 3 ou 4000 Autrichiens retranchés défensivement[2]. D'ailleurs un autre obstacle survint : le ciel avait été pur et sans nuages toute la journée, le soir, la neige se mit à tomber[3]. Dans ce retour offensif sur Moret,

1. *Die Einnahme von Moret*, von Marx.
2. *Archives nationales*, AF. IV, 1669.
3. Tondu-Nangis, *La bataille de Montereau*.

bon nombre de prisonniers restèrent entre nos mains dont un capitaine autrichien qui déclara que sa seule compagnie avait perdu 40 hommes.

Allix écrivit le soir même à l'Empereur, de son quartier-général de Moret, pour lui témoigner combien il était satisfait de ses troupes ; il demanda la décoration pour le capitaine Desmarres, de la compagnie départementale du Puy-de-Dôme, et le grade de capitaine pour le lieutenant Lebelin, « jeune » homme, disait-il, de la plus belle espérance et » qui se distingue dans toutes les occasions »[1].

Profitant du répit qu'Allix leur avait accordé, les Autrichiens, sans attendre jusqu'à minuit, décampèrent à 5 heures et demie. La route de Moret à Fossard se trouvant déjà occupée par Pajol, la nécessité s'imposait d'éviter cette direction ; ils prirent le chemin qui passe devant Ravannes et tournèrent à gauche pour aller à Villecerf, où ils arrivèrent à sept heures ; ils y arrêtèrent un guide. Hardegg paraissait pressé, inquiet, et voulait surtout savoir où était Napoléon ; le guide ne pouvant le renseigner, il fut sur le point de le faire fusiller ; il n'alla pas plus loin que la menace, mais il détacha cent chevaux à Ville-Saint-Jacques, pour couvrir son flanc gauche, du côté de Montereau. Le régiment du colonel Ordener, chargé, nous le savons, de visiter ce dernier village, s'y montra au même moment ; les Autrichiens s'enfuirent à son approche. Ordener ayant mené son régiment à Noisy pour y coucher, 3o cavaliers ennemis revinrent à Ville-Saint-Jacques ;

---

1. *Archives nationales*, AF. IV, 1669.

ainsi assurés qn'ils n'étaient pas suivis, ils en repartirent aussitôt. Au petit jour, le général baron Dautancourt, à la tête de trois escadrons du service de l'Empereur, fit une nouvelle exploration sur Ville-Saint-Jacques, Villecerf et Dormelles, il ne rencontra que quelques cavaliers d'arrière-garde[1]. Pendant ce temps, la division Hardegg continuait par Dormelles, sur Voulx, Blennes, Saint-Sérotin et Pont-sur-Yonne, où elle se trouvait désormais hors d'atteinte[2]. Le grand détour du général Hardegg à son départ de Moret le rapprochait des troupes qu'il avait sur Nemours.

Les alliés ne laissèrent rien à Moret[3]. Une pièce des archives municipales, intitulée : *État des pertes des habitants de la ville de Moret du 15 au 18 février 1814, par le pillage de l'ennemi et des dégradations de leurs maisons occasionnées par l'effet des bouches à feu qu'il a lancé sur la ville* (sic) *et ses horribles vexations*, est instructive à ce sujet. On y voit la liste des habitants avec les dommages subis par chacun d'eux, bien peu furent épargnés ; presque tous eurent leurs meubles brisés. Il faut compter par centaines les chemises, draps ou effets enlevés. Il serait superflu de parler du fourrage, de l'avoine, de la farine, du vin, ainsi que de l'argent, des montres ou des bijoux volés. Signalons ce fait entre autres que 50000 échalas servirent à faire du feu. Parmi les personnes les plus éprouvées,

---

1. *Archives nationales*, AF. IV, 1669.
2. *Die Einnahme von Moret*, von Marx.
3. *Archives historiques de la guerre*, Allix au major général.

nous citerons le maire, M. Vieux : marchandises, argent, dégradations, 8400 francs ; — Gille André : effets, argent, dégradations à ses bâtiments, trois montres en or, 6000 francs ; — Cornet Pierre : objets mobiliers, argenterie et argent, 5255 francs ; — Gasteau, aubergiste : vin, foin, avoine, effets, argent, 3000 francs ; — Leclerc, épicier : marchandises et effets, 2400 francs ; — Durand Jean : foin, avoine, paille, vin, volailles, charrettes, 2000 francs ; — Cornichon Augustin : foin, abeilles détruites et bois brûlé, 1800 francs ; — Hamelin, aubergiste : foin, avoine, vin, effets mobiliers, 1520 francs ; — Picard Jacques, propriétaire : dégradation à son moulin par l'explosion du pont, 1200 francs [1] ; — Picard Mathurin, meunier : meubles cassés et effets pris, 1100 fr. ; — Maufrais, meunier : bois, blé, farine, 1057 francs [2] ; — Follye Étienne : abeilles, tabac, argent, effets, 1041 francs.

Pour les quatre jours d'occupation, la valeur des objets pillés et volés s'élève à 56252 francs ; en y ajoutant le montant des réquisitions, qui est de 8190 francs, on obtient une perte totale de 64442 fr., soit plus de 16000 francs par jour. « Les malheureux » habitants de Moret et des communes voisines, dit » M. Vieux, attesteront à la fois la férocité et le bri- » gandage de ces spoliateurs. Il n'y a point de » vexations, de cruautés et de crimes qu'ils n'aient » commis dans nos campagnes. »

---

1. Aujourd'hui moulin Graciot. Picard Jacques était propriétaire de ce moulin ; il avait pour locataire son frère Picard Mathurin.

2. Actuellement moulin Provencher.

Il convient de remarquer ici que, pendant cette terrible invasion de 1814, M. Paul-Jean-Jacques Vieux, maire de Moret, a su préserver notre ville d'une destruction complète. Beaucoup de bons esprits estiment que le courage civique est supérieur même à celui de champ de bataille. Or, on a vu avec quelle fermeté, quelle énergie, quelle vaillance il résista aux exigences des chefs ennemis, avec quelle abnégation, pour accomplir son devoir tout entier, il négligea de secourir son foyer et sacrifia ses intérêts. Sa mémoire mérite d'être honorée.

Ainsi que nous l'avons dit, Napoléon, dès qu'il fut en possession de Montereau, lança une partie de sa cavalerie à Fossard et au delà, afin d'avoir des nouvelles des corps alliés détachés sur Fontainebleau. Il comprit alors que cette journée du 18, si glorieuse pour nos armes, n'était cependant qu'une victoire incomplète. La résistance des Wurtembergeois à Surville avait rempli son but : pendant la bataille, le gros des forces de Bianchi défilait rapidement par Fossard sur Villeneuve-la-Guyard et Sens. Lorsque les cavaliers de Pajol arrivèrent à Fossard, ils aperçurent au loin, sur la route de Sens, les dernières colonnes ennemies. Pajol plaça des postes sur cette route et sur celle de Moret[1], mais à cause de la nuit et de la fatigue des chevaux, il ne lui fut pas possible de joindre les fuyards de Montereau. Quant à la division légère Hardegg, nous savons comment elle échappa ; les reconnaissances du colonel Ordener et

---

1. *Archives historiques de la guerre*, Pajol au major général.

du général Dautancourt nous ont renseigné sur ce point.

Quel dépit pour l'Empereur de voir sa proie se dérober, de voir qu'il n'avait provoqué que la retraite de l'adversaire sans mordre dans son flanc ! Son courroux se manifesta par des mesures de rigueur. C'est à ce moment qu'il prescrivit au major général Berthier de retirer à Montbrun son commandement et de le traduire devant un tribunal militaire pour ne pas avoir tenu devant l'ennemi à Moret et à Fontainebleau[1]. En apprenant la prise de Moret, Napoléon, alors à Nangis, se serait écrié que Montbrun avait livré les clefs de son château de Fontainebleau. Les habitants de Moret eux-mêmes croyaient à la trahison du général[2].

Dans le bulletin de la bataille de Montereau, publié au *Moniteur* du 21 février, on put lire : « Le gé- » néral de brigade Montbrun, qui avait été chargé » avec 1800 hommes de défendre Moret et la forêt » de Fontainebleau, les avait abandonnés et s'était » retiré sur Essonnes. Cependant la forêt de Fon- » tainebleau pouvait être disputée pied à pied. Le » major-général a ordonné la suspension du général » Montbrun et l'a envoyé devant un conseil d'en- » quête. »

Le jour même Montbrun, désireux de se disculper, écrivit au major-général la lettre suivante :

---

1. *Moniteur* du 21 février, et *Journal de l'Empire* du 22 même mois.
2. Teste d'Ouet, *Introduction historique à l'Orpheline de Moret*, p. cvi. M. Teste d'Ouet habitait Moret à cette époque.

Paris, 21 février 1814.

Monseigneur,

En vertu de votre ordre je me suis rendu à Paris ; à mon arrivée on criait un bulletin, je l'achète et j'y trouve un article qui me concerne tout à fait injurieux et contraire à la vérité. J'étais loin de m'attendre à ce prix de mon zèle et de mon dévouement. J'ignore de qui votre Altesse tient les détails qui l'ont portée à me condamner sans m'entendre, mais j'aime à croire qu'elle ne se refusera pas à faire examiner ma conduite. L'honneur est une propriété sacrée qu'on ne doit attaquer qu'avec une extrême réserve, cependant je me vois déjà condamné et flétri, sans qu'on ait daigné m'interroger et prendre des renseignements positifs sur la conduite que j'ai tenue. Voici la vérité :

Me trouvant auprès du général Pajol sans troupes, le général me dit de rester près de lui jusqu'à ce qu'il lui arrivât de la cavalerie dont il me donnerait le commandement, mais ne voulant pas rester inactif jusqu'à ce temps, je le priai de me donner quelque poste à occuper. Il m'offrit alors de m'envoyer à Moret, ce que j'acceptai avec plaisir, malgré l'inconvénient que je trouvais à n'avoir là que des troupes sur lesquelles on ne pouvait pas compter par la raison simple qu'elles étaient à peine organisées et qu'elles n'avaient reçu leurs armes que quelques jours avant mon arrivée. Je me rendis donc à Moret, et là je trouvai pour toute troupe, au lieu de 1800 hommes qu'annonce le bulletin, 5 à 600 hommes de gardes nationales ; il y a là ce me semble une grande différence. Cette seule exagération annonce déjà, chez ceux de qui Votre Altesse tient ses rapports, l'envie bien prononcée de me nuire. L'ordre du général Pajol porte simplement de me rendre à Moret pour y garder le Loing, je l'ai gardé contre des forces bien supérieures et, le jour où j'ai été attaqué, j'ai lutté jusqu'à la nuit contre 6 à 8000 hommes et une artillerie nombreuse. L'ennemi avait en outre, pour battre Moret, une position si avantageuse qu'il m'a été impossible de me servir des pièces de quatre que j'avais avec moi. Est-ce là, Monseigneur, abandonner le poste qui m'a été confié ? J'observe en outre que Montereau venait d'être abandonné, que Melun avait été évacué et que le pont de cette dernière ville, par où j'aurais dû trouver ma retraite, avait été coupé. Ces deux villes ont été abandonnées sans que j'en ai été prévenu et sans avoir reçu le moindre ordre sur la conduite que j'avais à tenir. Malgré toutes ces circonstances désavantageuses, et l'ennemi que j'avais à dos puisque depuis plusieurs jours il occupait la Chapelle-la-Reine et environs et qu'il poussait journellement des partis près Fontainebleau, je n'en ai pas moins fait bonne contenance à Moret et n'ai cédé qu'à la force. Quant à ce qui concerne la forêt que j'aurais dû, dit-on, défendre pied à pied, c'était une chose impraticable avec les troupes que j'avais, et d'ailleurs n'ayant point d'ordre à cet égard, je devais ce me semble chercher à me mettre en communication avec l'armée sitôt que le passage du Loing était forcé, et je n'ai pu le faire qu'à Essonnes, puisque le pont de Melun se trouvait coupé.

Voilà l'exacte vérité dont il me sera facile de donner des preuves tant par les pièces que j'ai entre les mains, que par le rapport du chef de bataillon, des officiers et des habitants. Si Votre Altesse m'eut appelé près d'elle, elle eut connu toute la fausseté des rapports qu'on a pu lui faire à cet égard et m'eut évité un désagrément peu mérité et qui a mis la désolation dans toute ma famille. J'aime à croire que Votre Altesse sera assez juste pour prendre tous les renseignements possibles sur cette affaire, afin de me faire rendre la justice que je réclame d'elle et que je mérite sous tous les rapports.

J'écris par le même courrier à Sa Majesté. N'ayant pu entrer avec elle dans des détails, je prie instamment Votre Altesse de vouloir bien lui faire connaître ma conduite et l'abandon dans lequel on m'avait laissé à Moret.

J'ai l'honneur d'être avec le plus profond respect
De Votre Altesse
Le très humble et très obéissant serviteur.
Le général de brigade Alex. DE MONTBRUN.
Rue de Lille, nº 36[1].

---

1. *Archives nationales*, AF. IV, 1669.

Cette lettre contient une flagrante erreur : la garnison de Moret, au 15 février, n'était pas de 5 à 600 hommes de gardes nationales, puisque, en dehors de cette garde nationale, Montbrun avait amené avec lui 400 douaniers; en y ajoutant les détachements placés à plusieurs reprises à Moret, cette garnison se composait à bien près de 1800 hommes. Montbrun a sans doute voulu faire entendre qu'il ne pouvait compter que sur 5 à 600 soldats exercés et instruits. Du reste, la différence entre les assaillants et les défenseurs se trouvait assez sensible dans la réalité, sans qu'il ait été nécessaire, « pour obtenir justice », de l'augmenter encore. Mais il dit vrai quand il expose que, sur sa gauche, Montereau était abandonné et Melun évacué, et que, sur sa droite, il craignait d'être tourné par les 4 à 5000 cosaques de Platow signalés à La Chapelle-la-Reine[1]. Cette raison paraissait tellement fondée que Pajol, dès le 15 février, avait fait détruire le pont de Melun, de peur que les cosaques ne vinssent à y passer pour attaquer Moret et Melun par derrière, « ce à quoi, écrivait-il, il faut que les commandants de ces postes prennent garde[2]. »

Le conseil d'enquête se réunit quelques jours après. Montbrun fut acquitté[3].

Il nous a paru intéressant de relever cette circonstance qui touche directement à l'histoire de Moret.

---

1. *Archives historiques de la guerre*, Correspondance : Montbrun au major général.

2. *Archives historiques de la guerre*, Correspondance : Pajol au ministre.

3. Alexandre Montbrun, né en 1775, mort en 1831. Il fut nommé commandant du département de Seine-et-Oise, le 7 avril 1814, par le gouvernement de la Restauration.

Il nous faut revenir maintenant aux mouvements des troupes après la journée du 18.

Le 19 février, la division Charpentier vint de Fontainebleau à Moret où elle s'arrêta « en rafraîchissement », puis elle partit pour Fossard où elle se réunit à Pajol à quatre heures après midi[1].

Le même jour, Allix, suivant la volonté de l'Empereur, se porta de Moret par Montigny sur Nemours pour compléter son opération et débarrasser la vallée du Loing; près de Nemours, l'ennemi se dispersa devant lui dans toutes les directions; à cinq heures du soir il occupait la ville. Et bien qu'il n'eût avec lui que peu de cavalerie, le lendemain de bonne heure, il fit faire des reconnaissances dans les alentours. L'une d'elles aperçut les Autrichiens se retirant de Nemours et Grez sur Chéroy et Sens pour rejoindre Hardegg; d'autres éclaireurs lancés sur Ormesson, Aufferville, Bougligny et Souppes rencontrèrent les 4000 cosaques de Platow également en retraite sur Égreville et Sens.

Les alliés avant de s'enfuir avaient mis le feu aux écluses du canal; 200 hommes d'infanterie envoyés par Allix éteignirent l'incendie[2].

A Moret et dans les environs, la journée du 19 fut employée à ramasser les retardataires dans la forêt; on fit 150 prisonniers sur la route de Moret à Fontainebleau[3]. A Thomery six cosaques égarés échouè-

1. *Archives historiques de la guerre,* Charpentier au major général.
2. *Archives historiques de la guerre,* Allix au major général.
3. *Journal de l'Empire* du 22 février, p. 1.

rent sur le quai de la Seine, six voisins se mirent à leur courir sus ; nos traînards purent s'échapper à la faveur d'un petit batelet en laissant leurs chevaux et une lance. Ils ne perdirent rien pour attendre ; à peine avaient-ils débarqué sur l'autre rive qu'ils tombèrent entre les mains des habitants de Champagne. D'autres furent pris à Épisy. Ils se rendaient sans se défendre ; à Samois, quatre passants armés d'échalas en emmenèrent quatorze [1].

Après le passage des divisions Charpentier et Allix, d'autres troupes vinrent à Moret ; elles comprenaient un bataillon de la garde nationale active d'Ille-et-Vilaine, le 1er régiment d'artillerie de marine, le 28e de ligne et le 4e régiment de marche de cavalerie [2]. La garnison, sous les ordres du général Souham, s'élevait au chiffre relativement considérable de 2480 hommes préposés à la défense de la vallée du Loing. Ces troupes formaient une brigade détachée de Paris avec Souham, pour servir de réserve aux corps destinés à marcher contre Schwarzenberg [3]. En dehors de Souham, Moret servit de résidence pendant un certain temps au général Longeron. Ce fut une grosse affaire pour le pays de pourvoir à la subsistance de ces troupes et de leurs états-majors. Moret ne pouvait plus rien fournir ; on tira des vivres du magasin de Fontainebleau ainsi

1. *Archives historiques de la guerre*, le maire de Fontainebleau Dubois d'Arneuville au préfet.
2. *Archives nationales*, AF. IV, 1669.
3. *Correspondance de Napoléon Ier*, no 21426.

que de réquisitions faites dans les communes du canton. Les communes ne s'y prétèrent qu'à regret, aussi la municipalité recourut-elle à l'aide de commissaires aux subsistances choisis autant que possible parmi les conseillers municipaux et chargés d'aller réclamer des denrées de village en village; ces commissaires se firent accompagner de cavaliers et de gendarmes[1].

Pendant cette période, l'adjoint Daniel Fromager remplaça le maire de Moret alité depuis le départ des alliés. Ayant eu occasion d'envoyer les sieurs Delacourcelle et Michon à Montereau, chercher cinquante fusils, il en profita pour demander des nouvelles au maire de cette ville : « Je vous prie, lui écrivait-il, » de me tenir au fait des succès que nous obte- » nons sur l'ennemi. Les honnêtes citoyens sont » inquiets. »[2]

Le petit hospice de Moret regorgeait de blessés; un chirurgien de la localité, Jean-Louis Garcet, les soigna avec le plus grand dévouement; on rapporte qu'il demeura en permanence auprès de ses malades. De pauvres soldats y moururent, notamment François Castelto et Julien-Marie Hervé, tous deux du 1er régiment d'artillerie de marine et tous deux morts « de blessures reçues au champ d'honneur et à leur poste »; puis Bratel Hubert, tirailleur au 3e régiment de la garde, et Robert Poupion, fusilier du bataillon d'Ille-et-Vilaine. Pendant le même temps, plusieurs

---

1. *Archives départementales*, 3R. 41. — *Archives municipales de Moret.*— *Archives des communes.* Les deux autres bataillons d'Ille-et-Vilaine étaient à Montereau.

2. *Archives municipales de Montereau*, carton de 1814-1815.

enfants de Moret succombaient loin de leur pays
natal. Ce sont : Pierre Piffault, Jean-Joachim Bouquot, Pierre Rabotin, soldats au 14ᵉ de ligne, décé-
dés à l'hôpital de Thionville; Nicolas-Denis James,
tirailleur au 11ᵉ régiment de la garde, décédé à An-
vers; Jean-Claude-Savinien Barbier, décédé à Sedan;
François Fichouls, employé du génie, décédé à Os-
tende; Charles-Louis-Vincent Paupardin, voltigeur
au 65ᵉ régiment d'infanterie, décédé à Lille. Hommage leur soit rendu [1].

D'autres combattaient dans les rangs de l'armée
active, comme Bouquot André, sergent au 17ᵉ léger,
qui fut fait chevalier de la Légion d'honneur au
cours de cette campagne de France; ses états de
service relataient déjà une action d'éclat en Espagne.

Le général Pajol logeait à Montereau chez l'adjoint M. Jauvet. Le travail excessif auquel il venait
de se livrer, ses blessures qui s'étaient rouvertes
avaient profondément altéré sa santé [2]. L'Empereur,
avec les paroles les plus flatteuses, lui accorda un
congé de quinze jours pour aller à Paris se guérir
dans sa famille. Avant de partir, il fit établir un mémoire de proposition pour la Légion d'honneur en
faveur de M. Moreau, maire de Montereau, se rendit
à Fossard, fit ses adieux à ses troupes et se dirigea
ensuite à petites journées sur Paris, avec le capitaine
Biot, son fidèle aide-de-camp [3].

---

1. *Archives municipales de Moret*, registres de l'état civil.
2. *Archives historiques de la guerre*, Pajol au major général.
3. *Pajol*, par le général de division comte Pajol, t. III, p. 149.

« Le brave et intelligent Pajol » reste une des figures les plus sympathiques et les plus attachantes de cette époque. A la fermeté il joignait le calme et à la sagacité « ce coup d'œil » si nécessaire à celui qui est appelé à diriger une action de guerre. C'était un homme de jugement et de caractère.

Un tel encombrement se produisit aux ponts de Montereau, que l'on fut obligé de se servir de bateaux pour faire passer les troupes ; de là un retard de deux jours, durant lesquels l'Empereur resta au château de Surville, chez M. de Monginot, ancien conseiller à la Cour des comptes.

Profitant de cet arrêt, le général de Léry, commandant en chef le corps du génie, expédia des officiers dans toute la région pour rétablir les travaux de défense ; l'officier qui vint à Moret fit consolider l'arche du pont endommagée par la mine lors de l'arrivée des alliés [1].

III

Pour la raison que nous venons de dire, les Français perdirent le contact. Ce fut seulement le 22 février qu'ils retrouvèrent l'armée de Bohême dans la plaine de Troyes.

A cette date du 22 février, l'Empereur, alors à Nogent, mandait au comte Daru, directeur de l'administration de la guerre : « Écrivez au préfet de

---

1. *Archives nationales*, AF. IV, 1669. — Rapport du général baron de Léry, commandant le génie.

» Melun de se tenir à Provins pour être plus à por-
» tée de faire parvenir à l'armée tout ce dont elle
» aura besoin. Il a un beau département qui offre de
» grandes ressources, puisqu'il comprend la Brie
» qui est restée intacte[1] ».

Schwarzenberg refusa la bataille à hauteur de
Troyes et préféra prendre position derrière l'Aube.

Le 26 février, les belligérants étaient ainsi répartis : Napoléon campait autour de Troyes avec
75000 combattants ; en arrière, Marmont tenait la
Marne avec quelques milliers de soldats ; 7000 hommes de garde nationale active défendaient la ligne de
l'Yonne et du Loing : 2000 dans la vallée de l'Yonne
sous Allix, dont le quartier-général était à Auxerre,
5000 dans celle du Loing, dont 2480 à Moret sous
le général Souham, et à peu près autant à Montargis
avec le major Legros[2].

Devant nous d'autre part, l'armée de Bohême
forte de 130000 hommes se repliait sur Chaumont
et Langres ; sur la gauche, Blücher avec 50000 hommes bivouaquait vers Châlons.

Les deux armées ennemies étaient donc encore
une fois séparées. L'Empereur pouvait espérer recommencer ses heureuses manœuvres du début de
la campagne.

Blücher ayant en effet quitté Châlons pour se
diriger de nouveau sur Paris, Napoléon résolut de
marcher sur ses traces. Il partit de Troyes le 27 fé-

---

1. *Correspondance de Napoléon Ier*, n° 21352.
2. *Archives nationales*, AF. IV, 1669. — *Archives municipales de Moret*, série H. — *Archives départementales*, 3 R. 41.

6

vrier, laissant Macdonald et Oudinot avec 40000 hommes pour contenir Schwarzenberg derrière l'Aube.

Mais, le même jour, Schwarzenberg passe à l'offensive et bat les Français à Bar-sur-Aube. Ce contre-temps n'arrête pas Napoléon ; il continue sur Blücher avec l'intention de se rabattre ensuite sur l'armée de Bohême.

Blücher de son côté, ne rencontrant que le petit corps de Marmont pour lui barrer la route, se voyait déjà à Paris. A la vérité, Marmont avait été contraint de rétrograder jusqu'à La Ferté-sous-Jouarre, où il fut rejoint par Mortier. Les deux maréchaux, en réunissant leurs troupes, ne comptaient que 10000 baïonnettes. Ils se portèrent cependant à Meaux et derrière l'Ourcq qu'ils disputèrent aux 50000 hommes de l'armée de Silésie.

Dans la nuit du 1ᵉʳ au 2 mars, Blücher fut informé que l'Empereur arrivait sur lui avec 35000 combattants. Menacé en avant par Marmont et Mortier, sur sa gauche par l'Empereur, il se dégagea de l'étreinte en se mettant en retraite sur l'Aisne. Serré de près, il semblait perdu, lorsqu'il put passer l'Aisne grâce à l'injustifiable capitulation de Soissons (3 mars).

Napoléon ne l'aborda qu'à Craonne, où il le défit, mais il fut lui-même forcé de se retirer sur Soissons, à la suite d'une bataille de deux jours devant Laon.

Il se dirigea alors en toute hâte sur la Seine, en passant par Reims, point de communication des armées alliées (13 mars).

Dans la vallée de la Seine, Schwarzenberg avait refoulé Macdonald et Oudinot de Troyes sur Provins et Bray. Le prince de Wurtemberg était rentré à Sens le 5 mars avec 3ooo hommes.

Par suite de ce recul des nôtres, Allix reçut l'ordre de se rendre à marches forcées d'Auxerre à Moret pour en défendre le pont et couvrir la route de Fontainebleau à Paris. Le 7 mars, il arrivait à Château-Renard, où il apprit que des éclaireurs du prince de Wurtemberg se présentaient à Courtenay. Cela ne le retarde pas ; le 8 au soir, il parvient à Nemours. Là, on lui annonce que le général Souham occupe Moret avec des forces françaises ; il est donc inutile qu'il y aille lui-même, il juge préférable de rester à Nemours pour observer le cours du Loing entre Moret et Montargis. Du reste, en agissant ainsi, il ne contrevenait point aux ordres reçus, puisque le ministre de la guerre lui avait écrit : « Je vous invite à vous concerter avec » le général Souham, relativement au meilleur em- » ploi qu'il vous sera possible de faire de vos forces » pour contenir et même chasser les partis ennemis » qui tenteraient d'inquiéter vos lignes d'opérations » en avant de Moret, Nemours, Montargis et le » canal du Loing[1] ». Dans ce but il envoie quelques centaines d'hommes à Moret, en laisse une autre partie à Nemours et établit sa réserve dans la position de Bourron, à l'entrée de la forêt, où Souham avait déjà du monde. En informant le ministre de ces préparatifs, il lui réclame des munitions et des pierres à fusil.

Allix pensait que l'ennemi allait continuer à mar-

---

1. *Archives historiques de la guerre*, Clarke à Allix, 9 mars.

cher au delà de Sens, mais le prince de Wurtemberg ne paraissait pas disposé à se porter en avant. Quelques patrouilles seulement se firent voir dans les environs, les unes à Lorrez, Préaux et Villemaréchal, les autres entre Villeneuve-la-Guyard et Fossard. Pour donner le change sur leur importance, ces petits détachements exigeaient, partout où ils passaient, un grand nombre de rations. C'est un moyen bien connu à la guerre, mais qui ne réussit que lorsqu'il est appuyé par des évolutions de troupes à proximité.

Allix, « l'un des officiers les plus énergiques de » toute l'armée », ardent, vigoureux, mais d'une nature imaginative et inquiète, s'irritait de son inaction [1]. Pour tromper son oisiveté relative, il excitait les habitants à se lever en masse, il exaltait les esprits et faisait imprimer à Fontainebleau des proclamations dont il répandait des exemplaires autour de lui.

Il prétendait que le corps du prince de Wurtemberg n'était pas en état de se mesurer avec lui. En conséquence et tout en promettant de ne pas s'écarter des routes conduisant à Paris, il supplia le ministre de lui donner l'autorisation d'attaquer l'ennemi à Pont-sur-Yonne, Sens, Villeneuve-sur-Yonne et même de le pousser sur Dijon. « Je demande à Votre

---

1. Le général d'artillerie Allix était en outre extrêmement vaniteux. Il écrivait en parlant de lui-même : « J'ai, indépendamment de mes travaux » militaires, un grand nombre d'actes civiques les plus honorables qui » sont ressortis du caractère de générosité qui me distingue. »—Puis plus tard : « Je puis le dire sans être accusé d'orgueil, je suis aujourd'hui le » premier officier de France, je pourrais même dire le premier officier » d'artillerie. » Ou encore : « Mon nom appartient à l'histoire. »

» Excellence qu'elle veuille bien mettre à ma dispo-
» sition les troupes qui sont sur le Loing. Je mar-
» cherai offensivement et je réponds du succès...
» Que Votre Excellence mette à ma disposition
» 5ooo hommes, je ferai à l'ennemi une guerre de
» flanc plus dangereuse que celle qu'on lui fait de
» front. » Il posait pourtant cette condition qu'il ne
partagerait pas le commandement avec le général
Souham « qui n'a pas, disait-il, l'énergie de carac-
» tère qui m'est propre... Le général Souham refuse
» toujours de me commander, mais je ne veux pas
» de choses décousues dans une opération militaire :
» ou je commande ou j'obéis. »

Allix se montrait d'autant plus impatient que le
major Legros signalait des démonstrations du côté
de Montargis. Deux diligences avaient été arrêtées
près de Ferrières par un parti ennemi. Celui-ci les
emmenait à Chéroy lorsque le brave curé de Pers,
à cheval à la tête de ses paroissiens, reprit les deux
voitures publiques[1].

Dès qu'il apprit la marche de l'Empereur pour se
rapprocher de la Seine, Schwarzenberg fit derechef
reculer ses troupes jusqu'à l'Aube.

Dans la nécessité d'abandonner Sens, les alliés,
pour masquer leur retraite, placèrent 500 hommes à
Chéroy, 15oo à Saint-Valérien, 200 à Saint-Sérotin
Pont et Champigny. C'est pour cette raison qu'Allix,
sur des rapports fournis par des habitants, put croire
un instant que le prince de Wurtemberg se dirigeait

---

1. *Archives nationales*, AF. IV, 167o.

sur Égreville et sur Nemours avec 8 ou 10000 hommes. Il se prépara à recevoir l'ennemi, mais il constata bientôt l'inexactitude de ces avis. D'ailleurs le général Souham remit les choses au point par la lettre suivante qu'il écrivit au ministre :

Moret, le 14 mars 1814.

Monseigneur,

Je m'empresse de faire connaître à Votre Excellence que la nouvelle de l'approche du prince de Wurtemberg qui m'avait été donnée par M. le général Allix est entièrement fausse. J'ai maintenant la certitude que l'ennemi a évacué Sens et que les cosaques formant l'arrière-garde de cette armée ont déjà fait partir leurs équipages de Saint-Valérien, ce qui annonce qu'eux-mêmes évacueront ce village cette nuit. Demain matin j'en aurai la certitude et je m'empresserai d'en avertir Votre Excellence.

Agréez, Monseigneur, l'hommage de mon respectueux dévouement.

SOUHAM.

A la suite du mouvement de repli du prince de Wurtemberg, Allix vint s'établir à Villeneuve-sur-Yonne et Joigny; Souham quitta Moret et remonta la Seine jusqu'à Nogent[1].

Cependant Schwarzenberg massa de nouveau son armée sur l'Aube et fit face en avant. Napoléon accepta le défi; malheureusement, après deux jours de lutte, nous fûmes battus à Arcis-sur-Aube (21 mars).

L'échec d'Arcis-sur-Aube et le retour offensif des alliés firent prendre encore une fois des mesures dé-

---

1. *Archives nationales*, AF. IV, 1670. — Dans une biographie du général Souham, publiée par M. René Fage (Tulle, 1897), il est à peine question de ces événements, et les documents publiés ici n'ont pas été utilisés.

fensives en avant de Paris. A Moret, on releva les palissades à l'aide de la petite garnison que Souham avait, en partant, conservée à la ville[1].

Napoléon forme alors le projet d'appeler à lui toutes ses troupes et de s'emparer des communications de l'ennemi en soulevant les départements de l'Est. A cet effet, il ordonne une concentration à Saint-Dizier où il arrive le 23 mars.

Mais les deux armées coalisées opèrent leur jonction sur l'Aube, détachent quelques milliers de cavaliers à la poursuite de l'Empereur et s'avancent sur Paris par les routes entre la Seine et la Marne.

Marmont et Mortier essayèrent de rallier Napoléon à Saint-Dizier; ils livrèrent un combat malheureux à Fère-Champenoise et se réfugièrent sous Paris par Provins, Nangis, Melun. Deux bataillons de Seine-et-Marne combattirent à Fère-Champenoise[2] (25 mars).

La ville de Moret se trouvant en dehors de la zone de marche fut cette fois épargnée.

Les chemins étaient maintenant ouverts à l'invasion.

A ces nouvelles, l'Empereur disperse près de Saint-Dizier la cavalerie qui l'observe et décide que les troupes se dirigeront sans retard sur Paris par Bar-sur-Aube, Troyes, Fontainebleau. L'ordre s'exécute aussitôt.

A Doulevant, le 29, sur le vu de dépêches pres-

---

1. *Archives municipales de Moret*, série H. — *Archives départementales,* 3R. 41.

2. G. Bertin, *Campagne de 1814*, p. 250.

santes le rappelant dans la capitale, il prend le parti
de précéder ses soldats. Le 3o, il est à Troyes de
grand matin; il laisse le commandement au major
général Berthier et lui trace un itinéraire pour conduire l'armée à Fontainebleau. Berthier devra doubler les étapes, marcher de jour et de nuit, afin
d'être le 2 avril à Fontainebleau. Quant à lui, il
part à cheval avec ses escadrons de service, car des
coureurs ennemis circulaient encore entre la Seine
et l'Aube. A Villeneuve-l'Archevêque, arrêt de quelques heures; on en repart à cinq heures après-midi.
Certain que la route est libre, il renvoie ses cavaliers
et se jette avec Caulaincourt, le chef de sa diplo-
matie, dans une carriole d'osier; Drouet et Flahaut
montent dans une deuxième voiture; dans une troisième se placent Gourgaud, officier d'ordonnance, et
le maréchal Lefebvre. Les chevaux détalent ventre
à terre. A Sens, pendant qu'on relaye, il apprend
que l'impératrice et le roi de Rome se sont réfugiés
à Blois. Son impatience s'accroit; on traverse Pont-
sur-Yonne et Fossard; les carrioles escortées de
deux ou trois chasseurs montés sur des bidets de
poste[1], arrivent à Moret entre sept et huit heures du
soir; tout en prenant quelques minutes de repos,
Napoléon s'informe des dégâts commis par les alliés
pendant leur séjour; le convoi repart bientôt brûlant
le pavé, l'Empereur excitant les postillons et les
chevaux du geste et de la voix[2]; pas de halte à Fon-

---

1. Une lettre du général Bertrand.
2. Fabry, *Itinéraire de Bonaparte de Doulevant à Fréjus* (Napoléon à
neuf heures à Fontainebleau). — Général comte de Ségur, *Du Rhin a Fon-*

tainebleau. Le soir à onze heures, il met pied à terre à Juvisy-Fromenteau après avoir franchi quarante lieues en une seule journée. On allait repartir sur Paris lorsque débouchent des groupes d'officiers et de soldats découragés et abattus. Napoléon les interroge. C'est le général Belliard qui lui répond et lui annonce que les Français sont en retraite, que Paris vient de se rendre.

Depuis le départ de l'Empereur pour l'armée on avait cherché à organiser la défense de Paris ; on tenta l'impossible, mais inutilement, car il aurait fallu « tout faire avec rien ». D'ailleurs le roi Joseph ne possédait pas les qualités d'un chef militaire : à l'arrivée des alliés sous Paris, nous l'avons déjà vu, 7000 hommes avec Souham et Allix attendaient inactifs ou à peu près, sur l'Yonne et sur le Loing ; on ne songea pas à les rapprocher de la capitale.

Le 30 mars, Souham, toujours à Nogent-sur-Seine, écrivait au ministre :

Nogent, 30 mars, 5 heures du soir.

Monseigneur, au moment où j'allais expédier le courrier qui m'a apporté la dépêche de Votre Excellence, je reçois l'ordre du major général de me porter sur Montereau et de bien garder les ponts de Montereau, de Moret et du Loing. En conséquence de cet ordre, je vais réunir mes troupes et me mettre en mouvement.

Général comte SOUHAM[1].

tainebleau. — Vaulabelle, *Histoire des deux restaurations*, t. II, p. 226. — H. Mion, *Description de Fontainebleau et des environs*, 1844.

1. *Archives nationales*, AF. IV, 1670.

Il était décidément un peu tard pour défendre les ponts de Montereau et de Moret.

Surmontant ses soucis et ses inquiétudes, Napoléon ne désespère point. Les corps de Marmont et de Mortier n'ayant pas été compris dans la capitulation, avant de quitter Juvisy-Fromenteau il prescrit à ces deux maréchaux de prendre position derrière l'Essonne. Il revient ensuite à Fontainebleau à six heures du matin et s'installe, non dans les grands appartements comme autrefois, mais dans ceux qui bordent la galerie François Ier. Un de ses premiers soins fut d'appeler et de retenir auprès de lui le préfet de Seine-et-Marne[1].

Dès le 1er avril, les troupes qu'il avait fait suivre de Troyes commencent à s'approcher. A cette date, la cavalerie légère du général Maurin a dépassé Moret, la cavalerie de la garde du général Sébastiani, comprenant 4600 chevaux, est ainsi répartie : la 1re division, général Colbert, en arrière de Moret; la 2e division, général Exelmans, à Moret et à Saint-Mammès; la 3e division, général Lefebvre-Desnouettes, aux Sablons. Les autres corps sont à Esmans, Fossard, Villeneuve-la-Guyard, Sens, Pont, Villeneuve-l'Archevêque. Les jours suivants, la marche en avant se poursuit; presque toutes les troupes passent à Moret et s'échelonnent de Corbeil à Montereau. Souham était revenu de Nogent pour rejoindre Marmont sur l'Essonne.

Le 3, Marmont et Mortier stationnent sur l'Es-

---

1. *Correspondance de Napoléon*, no 21547.

sonne, les divisions de la garde occupent Melun et
Saint-Germain-sur-École [1]; en arrière, Gérard, Macdonald, Oudinot, les francs-tireurs de Seine-et-
Marne campent autour de Montereau et s'approvi-
sionnent en partie à La Celle et à Vernou [2].

Le 4, les corps de Macdonald et d'Oudinot traversent Moret; le dernier y laisse 500 hommes avec
deux pièces de canon. Le général Baudoin s'y établit [3]. Les éclaireurs francs du colonel de Bruyne
restent en observation entre Moret et Nemours [4].

Cette agglomération d'hommes et de chevaux
dans la région donna lieu à de nouvelles réquisitions.
L'ordonnateur Ramé exigea d'énormes quantités de
vivres, mais le pays n'offrant plus que de faibles ressources, on ne put le satisfaire qu'en partie. De plus,
la situation de l'Empereur paraissait tellement extrême, la fatigue avait tellement démoralisé les troupes, que l'indiscipline se répandit parmi elles, si
bien que, dans les archives municipales de Moret,
en regard du détail des réquisitions on lit : « Le peu
» qui a été fourni a été pillé en route par les divi-
» sions de l'armée passant en cette ville ou par celles
» cantonnées dans les communes environnantes ».
Le comte de Salvandy, alors capitaine aux gardes d'honneur et plus tard ministre sous la monarchie de Juillet, a décrit cette marche de Troyes à
Corbeil. Il raconte de quelle façon son régiment
passa la nuit sur la route de Montereau, près « de

---

1. *Archives nationales*, AF. IV. 1667.
2. *Archives municipales de Moret et de La Celle.*
3. *Archives municipales de Moret*, série H.
4. *Archives nationales*, AF. IV. 1667.

la jolie et vieille petite ville de Moret ». — « Le
» temps était effroyable, dit-il; il pleuvait horrible-
» ment. Nous fûmes établis le long de la grande
» route. Je pus m'emparer d'un de ces lits de cail-
» loux qui garnissent le bord de la chaussée. Ce me
» fut un triomphe. Je jouissais de mon sort : je n'au-
» rais de l'eau que d'un côté! et des cailloux pour
» couche au lieu de boue! » Le sybaritisme est en
vérité chose relative, mais la misère amène vite le
désordre dans les armées[1]. Les hommes étaient dé-
pourvus à ce point qu'à la date du 5 avril un officier
de passage à Moret reconnaissait avoir reçu du
maire « six vieilles gibernes pour l'usage de ses
» soldats[2] ». Ainsi la lassitude gagnait les troupes
aussi bien que les populations.

Dans leurs séances des 1er, 2 et 3 avril, le Sénat et
le Corps législatif prononcèrent la déchéance de
Napoléon et nommèrent un gouvernement provisoire. L'Empereur continua néanmoins à prendre
des dispositions de défense en attendant que la
concentration de son armée lui permît d'attaquer
Paris. Cette mesure présentait une utilité politique
autant que militaire, car, en même temps, Caulaincourt entamait des négociations avec le czar : or,
dans l'intérêt du traité à intervenir, il importait de
ne point paraître désarmé.

Mais Caulaincourt revient de Paris avec une proposition d'abdication et non avec un traité. Confiant

---

1. Dictionnaire de la conversation, au mot Bivouac.
2. Archives municipales de Moret, série H.

en son génie, Napoléon veut livrer une dernière bataille. Il conserve des lueurs d'espoir en pensant que, d'une part, il pouvait compter sur les 60000 soldats qui l'entouraient, et que, d'autre part, les alliés au lieu de pousser droit sur Fontainebleau se maintenaient sur la défensive derrière l'Orge, entre Juvisy et Palaiseau, dans une position dangereuse qui les forçait à combattre en avant d'une ville populeuse à peine soumise.

C'est alors que Marmont, un des favoris de l'Empereur, un de ses compagnons d'Égypte, son ami même, incité par l'orgueil, par le désir immodéré de jouer un grand rôle, reçut des émissaires des coalisés. Le malheureux ne sut pas leur résister et consentit à trahir son chef en livrant à l'ennemi le corps placé sous ses ordres. Le général Souham, qui commandait à Moret un mois auparavant, suivit Marmont dans sa défection.

Foudroyé par ce dernier coup, voyant ses soldats épuisés et débandés, ses généraux mutinés et accablés, Napoléon se soumet et signe son abdication le 6 avril, dans une salle depuis lors historique du château de Fontainebleau. Un traité ratifié le 11 avril donne à l'Empereur l'île d'Elbe en souveraineté, avec faculté de conserver 400 hommes de bonne vo lonté pour sa garde.

La fin de la guerre n'amenait pas le terme immédiat des embarras ni de l'invasion. Il fallait assurer la subsistance des troupes françaises demeurées tant à Moret que dans l'arrondissement ; ces corps comprenaient une division de la vieille garde et une division de cavalerie avec leur parc d'artillerie. Les approvisionnements manquaient ; on craignait une disette ; on dut aller chercher des vivres jusqu'à Pithiviers, Corbeil, Gien et Montargis.

Le 10 avril, le comte de Plancy, préfet, écrivait au maire de Moret :

Je sais, Monsieur, que vous demander des subsistances c'est exiger de vous l'impossible, mais, dans le cas actuel, je ne puis me dispenser de vous engager à faire tous vos efforts pour fournir encore ce qui vous sera possible et à satisfaire aux réquisitions qui vous seront adressées par M. le baron Dufour, ordonnateur en chef de la garde, et à seconder MM. les officiers que M. l'ordonnateur chargera de se transporter dans votre commune pour agir militairement contre ceux qui refuseraient d'obtempérer à vos ordres.

Et attendu que le besoin du service exige impérieusement que les demandes qui vous seront formées avec l'envoi de la présente soient remplies dès ce soir même, parce que les troupes manqueraient demain de toute nourriture ; que toutes les communes de votre canton sont appelées avec la vôtre à l'exécution de ces demandes, je vous autorise et vous requiers même au besoin de faire l'application de mes ordres aux dites communes, et vous donne, à cet effet, tout pouvoir nécessaire auprès de MM. vos collègues.

En même temps parvenait à la mairie la réquisition de l'ordonnateur Dufour réclamant aux communes du canton 100 quintaux de froment et seigle, 20 vaches, 10 quintaux de légumes secs, 1500 litres de vin, 50 quintaux de foin, autant de paille et 400 boisseaux d'avoine à verser sous cinq jours au magasin de Fontainebleau [1].

---

1. *Archives municipales de Moret*, série H.

Les grains devaient être livrés chez Mathurin Picard, meunier à Moret, élevé pour la circonstance au grade d'officier d'administration de la garde[1].

Le baron Dufour en appelait au zèle et au dévouement des autorités locales. Ni zèle, ni dévouement ne firent défaut. Les populations se sacrifièrent; l'ordre de réquisition fut rempli et au delà.

Il y eut cependant une difficulté provenant non de mauvais vouloir, mais d'une erreur d'interprétation : au reçu de la réquisition, l'adjoint Daniel Fromager, remplaçant le maire toujours malade, réunit ses collègues du canton à Moret, en présence de Picard, officier d'administration. On s'entendit très facilement sur les denrées à fournir par chaque localité. Mais, rentré chez lui, le maire de Villecerf, qui pendant la séance « n'avait présenté aucune observation », écrivit au sous-préfet pour se plaindre de la répartition; selon lui on exigeait de sa commune une quantité de blé beaucoup trop considérable. « Si » cette répartition était faite légalement, disait-il, » j'obtempérerais de ce que je pourrais. Le plus » grand malheur est dans ma commune; il y vient » tous les jours des brigands qui nous pillent, boi-» vent le vin qui reste et maltraitent les malheureux » habitants; quand on est pour conduire ce que l'on » peut conduire, ils arrivent ces pillards et s'empa-» rent de tout; ils ont même tué le nommé Dupré » qui va être inhumé aujourd'hui, père de sept en-» fants. »

---

1. Meunier au moulin actuel de M. Graciot. Nous le trouvons aussi désigné avec la qualité de lieutenant d'administration.

Ces brigands s'appelaient les soldats de Napoléon.

Le sous-préfet César Valade adressa la lettre du maire de Villecerf à Moret, avec cette annotation en marge : « envoyé au maire de Moret pour établir l'égalité que la justice réclame aussi bien que la raison. »

Daniel Fromager se disculpa facilement : Villecerf redevait aux autres communes sur les réquisitions précédentes; il s'agissait d'un simple rappel. Le village de Villecerf, mis en demeure de fournir sa part contributive « sous six heures, à peine d'exécution militaire », obéit à cette injonction.

Le 15 avril, le magasin du chef-lieu d'arrondissement contenait les denrées demandées[1].

Napoléon était toujours à Fontainebleau.

On avait fixé au 16 avril son départ pour l'île d'Elbe; au dernier moment il parvint à le faire différer en alléguant qu'il ne voulait pas se rendre au port d'embarquement de Fréjus par la route de Moret, Sens, Auxerre, Lyon, Grenoble, Digne, mais par celle de Nemours, Montargis, Briare, Lyon, Valence, Avignon. Il fondait cette détermination sur le mauvais état du chemin indiqué et sur ce que ses équipages avaient déjà pris la direction de Montargis et de Briare[2].

Bien lui en prit, à preuve une aventure dont les environs de Moret furent le théâtre.

---

1. *Archives municipales de Moret*, série H.

2. De Walbourg-Truchess, *Itinéraire de Fontainebleau à l'île d'Elbe* (Paris, 1815).

Certains hommes politiques du parti royaliste regardaient comme une faute de ne pas faire mourir Napoléon. Impossible de demeurer tranquille avec un pareil homme; la tombe eût été préférable à l'exil.

Et de fait, dès les premiers jours d'avril, l'assassinat de l'Empereur fut concerté à l'hôtel Talleyrand, entre Roux-Laborie, secrétaire du gouvernement provisoire, et le comte de Maubreuil, pour l'instant royaliste exalté, autrefois écuyer de Jérôme Bonaparte qui l'avait chassé de sa cour. « Ruiné d'argent et d'honneur », vulgaire déclassé prêt à toutes les besognes, ce Maubreuil, voyant Napoléon vaincu, avait promené dans Paris la croix de la Légion d'honneur attachée à la queue de son cheval.

Roux-Laborie lui expliqua sans détours ce qu'on attendait de lui. La récompense ne laissait pas d'être honnête : 200000 francs de rente et un grade élevé dans l'armée. Maubreuil hésita, mais seulement dans le dessein de faire valoir son dévouement. Enfin il promit tout. Cela se passait les 2 et 3 avril; l'affaire fut remise au départ de l'Empereur pour l'île d'Elbe.

Le but avoué de l'entreprise consistait à aller à la rencontre de Napoléon pour lui reprendre les fonds appartenant à l'État; or, ces fonds, saisis à Orléans quelques jours auparavant, se trouvaient au Trésor; le but réel était un simple assassinat.

Le 17 avril, muni de saufs-conduits mettant à sa disposition toutes les autorités civiles et militaires « pour mission secrète de la plus haute importance », Maubreuil vint s'installer à Fossard avec deux pelotons de mameluks et de chasseurs que le comman-

7

dant de la place de Montereau lui avait confiés sur la présentation de ses ordres.

Là, il attendit. Il ne vit venir que Catherine de Wurtemberg, femme de Jérôme Bonaparte, ex-reine de Westphalie, suivie de ses fourgons à bagages. Maubreuil, à la tête de ses cavaliers, arrête la calèche de la princesse et la contraint de descendre. Les coffres sont enlevés des voitures et remisés dans l'auberge. Une patache à deux chevaux venant de Sens arrive à Fossard ; il la met en réquisition, y fait charger les bagages et les emmène à Paris par la route de Moret, après avoir forcé la princesse à se diriger sur Villeneuve-la-Guyard.

Il rendit les caisses à quelques jours de là, mais à peu près vides. La tentative d'assassinat se terminait par un vol de grand chemin.

Catherine de Wurtemberg, cousine germaine de l'empereur de Russie, se plaignit à son parent de l'outrage qu'elle venait de subir. Sur les objurgations du czar, Maubreuil fut arrêté et mis au secret. Il s'évada et se réfugia en Angleterre[1].

Lorsque Napoléon changea le jour de sa mise en route et modifia son itinéraire, avait-il été informé ? Qui pourrait le dire ?

Le mercredi 20 avril, à onze heures du matin, l'Empereur descendit l'escalier de la cour du Cheval-Blanc, pour faire à sa vieille garde les célèbres « adieux de Fontainebleau ». Quelques instants après, il partait pour l'île d'Elbe.

---

1. De Vaulabelle, *Histoire des deux restaurations*, t. II. — Henry Houssaye, *1815*.

IV

Après l'abdication et l'éloignement de Napoléon, les alliés organisèrent, sur le territoire envahi, les services réguliers d'une armée en station.

De Melun à Montereau, la Seine servit de ligne de démarcation entre les troupes françaises et les troupes ennemies[1] : sur la rive gauche, les Français avec une partie de leur cavalerie à Moret, Saint-Mammès et Thomery[2] ; sur la rive droite, les alliés avec une portion du régiment russe Teptersky à Champagne, La Celle et Vernou, plus un groupe de cosaques à la ferme de Graville et un autre à La Celle même[3].

De notre côté, le service des subsistances fut reconstitué par un ordre du jour en date du 20 avril :

Les troupes ne devront plus tirer leurs vivres et fourrages des cantonnements eux-mêmes, mais des magasins établis ou à établir.

Chaque régiment recevra ses allocations sur des bons en forme visés par le commissaire des guerres, d'après l'état d'effectif certifié par le chef de corps.

Les communes fourniront les voitures nécessaires pour aller aux vivres dans le lieu qui sera déterminé. Les soldats ne pourront exiger autre chose, sous quelque prétexte que ce soit.

Toutes les communes concourront à la formation des maga-

---

1. Montorval, *Histoire militaire des Français*, t. VIII, p. 137.
2. *Archives départementales*, 3 R. 47.—*Archives municipales de La Celle et de Thomery*.
3. *Archives départementales*, 3 R. 47 et 3 R. 49. — *Archives municipales de La Celle*.

sins. Les maires seront tenus d'exécuter les réquisitions ; en cas de non obéissance la contrainte militaire sera exercée et le contingent doublé.

Le préfet complétait ces instructions en adressant la note suivante au maire de Moret :

Des troupes faisant partie de la garde ont dû prendre leurs cantonnements tant à Fontainebleau, Nemours, Moret, Montereau et Bray qu'aux environs de ces villes par les soins desquelles elles doivent recevoir leurs subsistances, au moyen de quoi il est expressément défendu aux officiers de permettre à leurs hommes de se répandre dans les campagnes, sous le prétexte d'y fourrager ou d'y aller chercher des vivres [1].

Des magasins existaient déjà à Fontainebleau et à Montereau ; il en fut formé un autre à Moret.

Du côté ennemi, à Champagne, La Celle, Vernou, le général Kaïssaroff, en résidence à Melun, réglementa le service.

Il fixa la ration journalière pour chaque soldat à 2 livres de pain, une demi-livre de viande, une demi-bouteille de vin ; pour chaque cheval à 8 litres et demi d'avoine, 10 livres de foin et la paille pour le coucher.

Les maires furent autorisés à répartir entre les habitants les denrées à fournir au magasin communal. A défaut de viande en assez grande quantité, ils pouvaient la remplacer, de concert avec les officiers, par un aliment tel que le soldat soit bien indemnisé de cet échange.

Le général terminait ses prescriptions en disant :

---

1. *Archives municipales de Moret*, série H.

« Je donnerai des ordres pour que les troupes se
» conduisent raisonnablement [1]. »

Il ne suffit pas de rédiger des ordres, encore faut-
il qu'ils soient exécutables. Or, à force de tirer des
denrées de toutes sortes de la zone occupée, la difficulté de faire face aux réquisitions devenait de plus
en plus insurmontable. Si l'on tient compte en outre
du mauvais état de la culture dans un pays dévasté
par la guerre, on comprendra toute la portée de cette
lettre écrite au préfet par le sous-préfet de Fontainebleau :

Ce malheureux arrondissement est dans un état trop déplo-
rable pour pouvoir répondre à aucune réquisition. Il est même
impossible que les troupes qui y sont cantonnées puissent
y subsister encore six jours, en arrachant même la dernière
ressource du cultivateur.

Veuillez en prévenir par un courrier extraordinaire M. le
commissaire du ministère de la guerre, afin qu'il avise dans
sa sagesse aux moyens d'éloigner ces troupes et d'éviter à mes
administrés les horreurs de la famine qui seraient le résultat
infaillible de l'état actuel des choses. Je vous demande cette
grâce les larmes aux yeux.

Je vous salue avec respect.

César VALADE [2].

L'autorité supérieure fit dresser un recensement
général des bestiaux, grains et fourrages existant
dans les localités. Cette mesure démontra que l'arrondissement de Fontainebleau pouvait encore « évi-
» ter la famine [3] ».

---

1. *Archives départementales*, 3R. 47.
2. *Archives départementales*, 3R. 47.
3. *Archives municipales de Moret*, état de recensement.

On sait que, dès la reddition de Paris, le gouvernement provisoire avait fait adopter par le Sénat et le Corps législatif une constitution nouvelle par laquelle le peuple français appelait « librement » au trône Louis XVIII, jusqu'alors connu sous le nom de comte de Provence.

En 1814, seuls les hommes de 40 à 50 ans se souvenaient des Bourbons ; peu de Français savaient que Louis XVI avait eu deux frères, le comte de Provence ou Louis XVIII et le comte d'Artois, plus tard Charles X, lequel avait lui-même deux fils, le duc d'Angoulême et le duc de Berry.

Bien que l'opinion ne fût pas unanime, la royauté paraît avoir été acceptée tout d'abord avec une certaine satisfaction ; beaucoup la considéraient comme le gage de la paix. En témoignage d'adhésion un grand nombre de municipalités envoyèrent des adresses au gouvernement provisoire. Nous donnerons ici celles de Moret et de quelques communes du canton. Ces documents présentent un intérêt d'autant plus piquant que les mêmes hommes faisaient partie des municipalités sous l'Empire et sous la Restauration :

A Son Excellence Monseigneur le Ministre de l'Intérieur, les maire, adjoint et membres du conseil municipal de la ville de Moret, arrondissement de Fontainebleau.

Monseigneur,

Maintenant que les communications sont parfaitement rétablies, notre premier devoir est d'exprimer notre reconnaissance aux premières autorités de l'État et de leur rendre grâce des grandes mesures de salut public qu'elles ont prises jusqu'à ce jour; Nous adhérons de cœur et d'âme aux décrets rendus par notre auguste Sénat dans ses séances mémorables des 1, 2 et 3 avril qui expriment le vœu des Français.

Daignez, Monseigneur, leur transmettre notre adhésion et nos vœux pour le rétablissement du sceptre des Bourbons; puissions-nous bientôt, à l'ombre de ce sceptre antique et révéré, trouver enfin le repos et le bonheur.

Fait à l'hôtel de ville le 22 avril 1814[1].

L'adresse de Thomery fut copiée mot pour mot sur celle de Moret; on changea le seul nom de Moret en celui de Thomery[2].

Voici celle de Montigny :

A Son Excellence Monseigneur le Ministre de l'Intérieur.

Monseigneur,

Les maire, adjoint, membres composans le Conseil municipal, M. le curé de la paroisse et tous les habitans sans exception de la paroisse de Montigny-sur-Loing, arrondissement de Fontainebleau, ont l'honneur de déclarer à Votre Excellence qu'ils adhèrent du plus profond de leurs cœurs aux mesures adoptées par le Sénat en ses séances des 1, 2 et 3 avril, et qu'ils jurent tous obéissance et fidélité au Roy Louis Stanislas Xavier, le regardant comme leur monarque légitime digne de leur amour, de leurs respects et des vœux les plus sincères qu'ils ne cesseront de faire pour lui, pour son auguste famille et pour la longue et inaltérable prospérité de son royaume. Vive le roy, vive Louis XVIII.

A la suite des signatures cette mention :

D'après la présente adhésion, au nom du Conseil municipal, M. le curé a chanté en actions de grâce un *Te Deum* ou la garde nationale y a assisté avec le Drapeau et tous les habitans[3].

---

1. *Archives municipales de Moret*, registre des délibérations.
2. *Archives nationales*, F le III (9).
3. *Archives nationales*, F le III (9).

L'adresse d'Écuelles est conçue en ces termes :

A Son Excellence le Ministre de l'Intérieur.

Monseigneur,

Après vingt deux ans de malheurs et de calamité, le ciel ayant comblet le veu général des français par le retour des Bourbons sur le trône, les Maire, adjoint et membres du conseil municipal de la commune d'Écuelles soussignés, vous supplient de vouloir bien transmettre aux premières autorités leur adhésion aux mesures prises par le Sénat par ces décrets des 1, 2 et 3 de ce mois pour l'imposition de la couronne française sur la tête de Louis 18 et le rétablissement de l'ancienne dinastie et leur donner l'assurance des veux qu'ils forment pour sa durable et éternelle consistance qui seul peut faire le bonheur de la nation française.

Fait à la mairie d'Écuelles le 23 avril 1814 [1].

Celle de Veneux-Nadon est encore plus dithyrambique ; elle commence par une invocation aux anges et aux saints du paradis :

O citoyens du ciel, réjouissez-vous avec nous et applaudissez au triomphe qu'ont remporté notre auguste Sénat dans ses actes des 1, 2 et 3 de ce mois en remettant sur le trône de France le Roy légitime, le petit-fils de Louis-le-Bien-aimé.

En conséquence, nous sommes comme les israélites à la vue de Saül, en voyant pour être leur Roy celui que Dieu leur avait choisi. Comme eux nous nous réunissons au vœu national, et nous adhérons à la dynastie qui rétablit les Bourbons sur le trône de leurs ancêtres.

A Veneux-Nadon ce 25 avril 1814 [2].

Le Conseil général du département, dont le rôle avait été à peu près réduit à néant pendant l'Empire,

---

1. *Archives nationales.* F le III (9).
2. *Archives municipales de Veneux-Nadon.*

donnait lui-même l'exemple de l'enthousiasme, té-
moin cette phrase de son adresse : « Vos peuples,
» Sire, se livrent avec transport à l'effusion de leur
» amour et de leur reconnaissance, heureux d'avoir
» vu renaître le gouvernement paternel des Bour-
» bons[1]. »

Le nouveau roi se fit précéder en France par son
frère le comte d'Artois. Celui-ci distribua partout
des proclamations et des manifestes qui peuvent se
résumer en trois mots : la paix, pas de conscription,
pas de droits réunis. Ne croirait-on pas entendre un
de nos modernes candidats s'écrier devant un public
béat : plus de service militaire, plus d'impôts !
Ce fut seulement le 3 mai que Louis XVIII fit son
entrée dans la capitale.

Cependant l'étranger foulait toujours le sol de la
France ; l'arbitraire continuait à sévir sur les populations. L'expérience ayant démontré les inconvénients des réquisitions faites directement aux habitants, l'administration songea à passer des marchés
de gré à gré. Ce système était-il pratiquable ? Pour
s'en assurer, M. Valade, resté jusqu'alors dans ses
fonctions de sous-préfet, appela devant lui, le 14 mai,
les principaux cultivateurs de l'arrondissement, afin
de les entendre sur les moyens de former des magasins par voie d'acquisition. Il leur fit part des instructions reçues à cet effet et du mode de paiement
qu'on se proposait d'adopter. Bien qu'ils approu-

1. Hugues, *Le département de Seine-et-Marne*, p. 11.

vassent le projet, aucun des cultivateurs consultés ne voulut faire d'avance, craignant que, dans les circonstances actuelles, les rôles des contributions ne fussent point remplis. La désorganisation générale paralysait toute initiative.

« Tant de malheurs, disait le sous-préfet au chef
» du département, ont pesé sur mon arrondisse-
» ment que toutes les ressources sont absorbées,
» et si ce n'était *l'amour que le roi inspire*, le sen-
» timent patriotique qui anime tous les cœurs, peut-
» être n'aurais-je pas le bonheur de voir recueillir
» la faible portion de l'impôt que nous obtenons
» encore aujourd'hui. » Dans la même lettre il ajoutait que, par suite de réquisitions faites dans le département du Loiret, il avait encore des approvisionnements pour une durée de trois semaines[1].

Le préfet, d'autre part, mandait dans ses rapports au ministre que les provisions s'épuisaient d'autant plus que le département, avant d'être occupé, avait été le théâtre de la guerre, d'où l'urgence d'en retirer les troupes qui y séjournaient[2].

Au surplus le traité de paix définitif fut signé le 3o mai, et, dès le 1er juin, les alliés se mirent en marche pour regagner la frontière.

La perte causée à l'arrondissement par l'invasion de 1814 s'élevait à 1,625,575 francs[3].

---

1. *Archives départementales*, 3R. 48.

2. *Archives nationales*, F¹ 3733.

3. L'arrondissement de Fontainebleau fut le moins éprouvé de Seine-et-Marne. Dans les autres parties du département les pertes furent les suivantes : Melun, 3,000,000 francs; - Coulommiers, 5,227,997 francs; — Meaux, 15,683,136 francs; — Provins, 7,438,23o francs. — Total pour les cinq arrondissements : 32,974,947 francs (*Archives départementales*, 3R. 48).

On sait que la Restauration fit une hécatombe de fonctionnaires. Malgré l'amour que le roi semblait lui inspirer, M. César Valade ne fut pas maintenu à la sous-préfecture de Fontainebleau ; le gouvernement nomma le comte Digoine à ce poste[1].

Le 4 juin, en séance royale toutes chambres réunies, les ministres donnèrent lecture de cette fameuse *Charte* qui établissait en France la monarchie constitutionnelle par opposition à la monarchie absolue. Cet acte de constitution renfermait en substance le consentement de l'impôt par une assemblée issue de l'élection, la liberté de la presse, la liberté des cultes, l'admissibilité de tous les citoyens aux fonctions publiques.

Le traité de paix et la Charte furent publiés dans toutes les communes aux cris de : *Vive le roi !* A Veneux-Nadon on y mit une certaine pompe :

Nous Louis-Athanase Lhonoré, maire de la commune de Veneux-Nadon soussigné, jaloux d'imiter les communes plus populeuses que n'est la sienne..... Comme ce traité de paix tant désiré depuis plusieurs lunes est fondé sur des bases tant à faire le bonheur de la France qu'à tranquilliser la plupart des familles de ce vaste empire, etc.....

En conséquence arrêtons que ce traité ainsi que la charte constitutionnelle seront cejourd'huy publiés dans toutes les places publiques de cette commune, auquel nous avons invité de s'y trouver toutes les premières autorités civiles et militaires de cette commune. Ce qu'ils ont obtempéré et signé avec joie avec nous.

Aux Sablons, ce 10 juin 1814[2].

---

1. E. Bourges, *Recherches sur Fontainebleau*, p. 115.
2. *Archives municipales de Veneux-Nadon.*

Malgré les adresses et les *Te Deum*, il s'en fallait bien que la royauté fût affermie. Certains royalistes n'entendaient pas transiger avec la Révolution. Selon eux, Louis XVIII, en octroyant la Charte, avait trahi ses devoirs de monarque. Ils voulaient la destitution des fonctionnaires, la suppression de la liberté de la presse, la restitution des biens nationaux, le rétablissement des privilèges de la noblesse. Or ces incorrigibles entouraient le roi.

Dès lors commencèrent à se manifester ces deux courants d'opinion qui devaient constamment se contrarier et se combattre par la suite.

Une ordonnance du 12 mai avait créé deux régiments avec les hommes de l'ancienne garde impériale. Ces régiments, désignés sous le nom de corps royaux de grenadiers et de chasseurs de France, tenaient garnison à Fontainebleau et à Nemours. Malgré ces changements d'appellations, les soldats de la vieille garde n'oubliaient pas leur Empereur.

A Fontainebleau, ils se contentèrent au début de murmurer et de témoigner avec réserve leur éloignement pour les Bourbons, mais bientôt ils produisirent leurs sentiments avec ostentation sur les places publiques.

A Nemours, la mutinerie du second régiment prit une certaine gravité : dans la nuit du 27 juin, les tambours battirent le rappel, les soldats se rassemblèrent; les autorités s'efforcèrent inutilement de les faire rentrer dans le devoir.

Le trouble se développa dans de telles proportions que le préfet se transporta de sa personne à Fontainebleau. A son avis, l'indiscipline provenait d'une récente réduction de solde, du retard apporté à la réorganisation des troupes et de l'inquiétude des soldats sur leur sort à venir. Leur ressentiment reposait sur des causes plus sérieuses et plus profondes; tout au plus pourrait-on admettre, comme le prétendait le procureur du roi près le tribunal de Fontainebleau, « qu'ils avaient du chagrin et non du mécontentement.[1] »

Fontainebleau commençait à devenir un centre d'agitation où affluaient, de Paris et d'ailleurs, les officiers de l'ex-garde impériale; ils ne prenaient aucun souci d'exhaler leurs plaintes. A leur dire, les mauvais traitements qu'ils essuyaient ne leur laissaient d'autre alternative que de travailler « au grand œuvre du rétablissement de Bonaparte » ou de mourir[2].

La vérité est que l'armée menaçait d'entrer en pleine dissolution. Le préfet semble implicitement le reconnaître quand il écrit au ministre « qu'on » aurait dû éloigner la vieille garde de Fontaine- » bleau et de ses environs qui lui rappellent des sou- » venirs qu'il est essentiel d'éviter[3]. »

Du reste, les soldats des régiments de nouvelle formation attachés à la famille royale se conduisaient de façon à s'attirer la réprobation de tous. Le 29 juin douze gardes du corps, attablés dans un café de Melun, buvaient du punch aux cris de : *Vive le roi! Vivent les gardes du corps! Vivent les habitants de*

---

1. *Archives nationales*, F⁷ 3733.
2. *Archives nationales*, F⁷ 3783.
3. *Archives nationales*, F⁷ 3733. Rapports de la fin de juin.

Melun! Cinq jeunes gens entrèrent. Cinq gardes se levèrent et leur demandèrent de crier avec eux. Les nouveaux venus se récusèrent sous le prétexte qu'ils n'aimaient pas à faire du bruit. La réponse fut prise en mauvaise part, une rixe en résulta ; un jeune homme, nommé Rouen, maître clerc d'avoué, fut entouré, pris aux cheveux et roué de coups. L'intervention du commissaire de police mit fin à la lutte [1].

Ce qui se passa à Fontainebleau dans la journée du 26 juillet est encore une preuve de la double disposition des esprits. A cette date eut lieu la bénédiction des drapeaux offerts par le duc de Berry aux grenadiers et chasseurs royaux casernés dans la ville. Après la cérémonie religieuse et les discours, un banquet de 3600 couverts fut donné sur des tables rangées des deux côtés de l'avenue de Maintenon. Le duc de Berry, accompagné du maréchal Oudinot, vint au milieu du repas ; accueilli par des acclamations, le prince se divertit fort à écouter des chansons de circonstance. Le soir, un bal réunit un grand nombre de personnes « de la ville et de la campagne ».

Il ne faudrait pourtant pas s'y tromper. Les grenadiers ne dédaignaient certes pas de faire bonne figure dans un banquet. Mais ce n'était là que la partie officielle et brillante de la fête. Le respect de l'exactitude obligea le préfet de signaler dans son rapport que quelques individus s'étaient permis de parcourir la ville en criant : *Vive l'empereur!* et en chantant des couplets bonapartistes ; ces individus

---

1. *Archives nationales*, F⁷ 3733. Rapport de police du 4 juillet.

étaient des soldats ayant assisté au banquet. Il ajoutait que des voyageurs et particulièrement les militaires isolés répandaient dans le département le bruit
que Napoléon, déjà sur le Rhin, se préparait à en-
vahir la France à la tête d'un million de Turcs! Ces
racontars tendaient à entraver le recouvrement des
contributions [1].

Le besoin d'argent se fit bientôt sentir; il fallut
pourvoir aux nécessités budgétaires. Aussi, en violation des promesses si formellement faites par le
comte d'Artois, Louis XVIII fut-il contraint de
maintenir les *droits réunis* [2]. De violentes récrimi-
nations éclatèrent dans toute la France; bon nombre
de communes firent la chasse aux agents, en certains
endroits on brûla leurs registres. Les pétitions abondèrent au Palais-Bourbon. La municipalité de Moret,
elle-même perturbée, s'assembla le 16 juillet et protesta véhémentement. La délibération qui s'ensuivit
nous a paru tellement curieuse que nous pensons
devoir la reproduire. Nous ferons toutefois remarquer que si les termes nous en semblent aujourd'hui
bizarres ou exagérés, c'est que nous regardons les
choses à distance; il est juste de n'y voir qu'une
preuve de l'ardeur avec laquelle on traitait alors
cette question d'impôts. Au surplus, les hommes de

1. *Archives nationales*, F 1e 111 (9). Rapport du préfet du 26 juillet. —
F 7 3733, rapport de police du 28 juillet. — A. Durand, *Fastes de Fontainebleau*.

2. Impôts établis sur les boissons, le sel, le tabac.....; on donnait
aussi ce nom à l'administration qui les percevait. Ces impôts s'appellent
aujourd'hui contributions indirectes.

cette époque employaient encore volontiers le langage et le style de la Révolution.

Nous sommes à la séance du conseil municipal de Moret le 16 juillet 1814. Le maire, M. Vieux, donne communication de l'ordonnance du roi portant que les conseils municipaux seront convoqués pour décider s'ils veulent jouir de l'affranchissement de l'exercice chez les débitants de boissons, moyennant la perception, aux portes des villes, d'une taxe additionnelle aux droits d'entrée. Cela revenait à conserver les *droits réunis* en les présentant sous une forme nouvelle, forme d'ailleurs dont l'avantage n'était pas évident pour les contribuables. Après la lecture de l'ordonnance, un membre demande la parole et s'exprime ainsi :

Le temps est venu de dire la vérité sans déguisement, et je désirerais que celle dont je vais vous entretenir relativement à l'objet qui nous occupe aujourd'hui puisse être entendue de tous les Français, étant aisé d'ailleurs qu'elle retentisse aux oreilles du Premier comme du plus respectable magistrat de ce département.

Vous savez, Messieurs, que presque toutes les décisions et instructions émanées de la Régie des Droits réunis sont entachées d'une fiscalité sans mesure comme sans prudence, que, de toutes les parties de la France s'élèvent des plaintes contre la conduite de ses agents qui, semblables à ces Chauves-souris de l'Amérique méridionale et des Indes (vampires), ne cherchent qu'à sucer le sang des hommes......

Il ne faut voir, Messieurs, pour être frappé de cette vérité que leurs décisions des 25 novembre 1813 et 8 février suivant qui..... ont fait frapper injustement du décime de guerre[1] le

---

1. Ce décime de guerre avait été décrété par Napoléon Ier.

produit de notre octroi sur les vendanges, et ce malgré les justes réclamations de M. le maire de cette ville.

Vous l'avouerai-je, Messieurs, mon âme se soulève encore d'indignation contre une pareille injustice ; toutefois, pour la pallier, on vous a donné pour motif la faveur de l'Entrepôt que le règlement de l'octroi de cette ville nous accorde[1] ; belle, grande et agréable faveur que d'être à chaque instant visité par les employés de la Régie ?

Je n'en finirais pas, Messieurs, si je voulais peindre ici l'astuce audacieuse avec laquelle ils sont parvenus à surpasser les cy-devant commis aux aides. Je laisse à la Chambre des Députés des départements[2] à dérouler et à mettre au grand jour leurs intrigues et les vexations odieuses de leur trop long exercice, et à nôtre auguste monarque Louis-le-Désiré à nous affranchir de toutes exactions par la suppression de la forme de perception d'un impôt qu'ils ont à jamais rendue odieuse à tous les Français. Dans cette persuasion, autant que pour le bien de mes concitoyens, je vote pour que le Conseil déclare qu'ils ne peuvent à ce titre (les concitoyens) jouir de l'affranchissement dont est question ; que le Conseil prenne des mesures pour obtenir un octroi par abonnement en remplacement de celui existant et qu'enfin copie de votre délibération soit adressée à MM. de la Chambre des Députés des départements avec une adresse sur le même objet.

Le conseil adopte ces conclusions et repousse la modification proposée par le gouvernement. Il est d'avis qu'il soit établi une taxe d'abonnement par chaque habitant en remplacement des droits réunis, laquelle taxe sera fondée sur la consommation respective de chacun.

---

1. C'est-à-dire que chaque habitant pouvait emmagasiner chez lui des marchandises imposables sans payer les droits, sauf à acquitter ces droits au moment de la vente ou de la consommation. Naturellement ce système nécessitait des vérifications constantes de la part des agents du fisc.

2. Nouvelle dénomination du corps législatif de l'Empire.

8

Il procède ensuite à la rédaction de son adresse aux Députés.

Suit la teneur de l'adresse :

A Messieurs les membres composans la Chambre des Députés des départements, les membres du Conseil municipal de la ville de Moret.

Messieurs,

L'aurore d'un beau jour commence donc à luire pour la France, les intentions paternelles de notre auguste Souverain et vos nobles travaux nous promettent qu'avec la paix nous ressaisirons bientôt le bonheur.

O France! réjouis-toi, que les cyprès et les cris plaintifs et funèbres disparaissent à jamais de ton beau sol qui trop longtems fut arrosé de sang et de larmes; qu'enfin tes chants d'allégresse retentissent jusqu'au sein de la divinité, qui, pour ta félicité et pour celle de l'Europe entière, a daigné mettre un terme à nos maux en plaçant sur le trône de ses glorieux ancêtres Louis-le-Désiré.

Organe des pauvres mais paisibles et vertueux habitans de la petite ville de Moret, Nous avons l'honneur de vous exposer qu'ils gémissent depuis longtems sous le joug oppresseur des employés des Droits réunis.....

A Dieu ne plaise, Messieurs, que nous cherchions à demander la suppression de l'impôt sur les boissons.....; ce n'est point contre l'impôt que nous réclamons aujourd'huy, mais contre la forme à jamais odieuse de sa perception.

Que l'impôt sur les boissons soit déterminé d'une manière fixe et invariable..... et nous le payerons avec plaisir; mais qu'on nous débarrasse pour toujours de cette engeance qui ne vit que de la sueur et des larmes des malheureux et ne brille qu'à leurs dépens.

Voyez les calculs inextricables pour tout autres que pour eux, des quittances qu'ils délivrent, et vous serez convaincus que leur manière de percevoir est absolûment arbitraire; faites vous rendre compte de cette foule de procès dictée par l'affreux égoïsme et la soif de l'or et vous connaîtrez combien est grande et trop méritée la haine et le mépris que le peuple français leur a voués.

Une chose étonnante pour ne pas dire inouïe (relative au petit octroi de cette commune) et contre laquelle la raison la plus éclairée ne peut voir que le délire du plus absurde despotisme, c'est que l'administration des droits réunis s'est arrogée le droit de faire chaque année le budjet des dépenses de l'octroi, sans consulter l'autorité locale, et de gratifier ses agents aux dépens de cette même commune d'une somme plus ou moins forte qu'elle porte à son gré audit budjet.

En vain M. le Maire de Moret s'est-il opposé le 30 novembre dernier à la délivrance de cette somme, en vain a-t-il réclamé plusieurs fois à cet égard, il a été ordonné à ce Magistrat de lever son embargo et d'ordonner au Receveur central de les acquitter.....

Il est temps, Messieurs, que vous opposiez une digue puissante au torrent dévastateur de ce fléau du genre humain, en suppliant humblement notre bon roi de présenter une loi pour la suppression de la forme de perception de l'impôt des Droits réunis sur les boissons, et que en remplacement il soit permis aux communes d'une population au dessous de 2000 âmes, comme celle de Moret, d'établir un droit d'octroi par abonnement proportionné aux dépenses communales et à raison de ce que chaque habitant paye du droit existant; qu'à cet effet un rôle soit dressé chaque année par l'autorité locale.....

En conséquence, Messieurs, nous vous supplions de prendre la présente en considération, et, dans cet espoir, nous avons l'honneur d'être, etc. [1]

En résumé, les réclamations du conseil municipal de Moret étaient plus modérées au fond que dans la forme. Le gouvernement conservait en principe les droits réunis. Pour atténuer l'effet de son manque-

---

1. *Archives municipales de Moret*, registre des délibérations.

ment à la parole donnée, il offrait de substituer, à l'exercice chez les débitants, une augmentation sur les octrois. Sans parler d'autres inconvénients, cela ne pouvait exister sans d'incessantes interventions des employés de la Régie dans les comptes municipaux de l'octroi; or, comme on en voulait surtout à ces agents, ce système n'avait aucune chance d'être accepté ; il portait au contraire au suprême degré le mécontentement des populations. La diatribe enflammée de la municipalité morétaine en est une preuve.

Les édiles de Moret, sans demander la suppression totale des droits, proposaient de faire payer au contribuable une taxe d'abonnement en rapport avec sa consommation. D'où la nécessité de recherches préalables destinées à déterminer cette consommation individuelle.

Le maire dont nous connaissons l'activité, cédant « au vœu du conseil et aux prières des habitants », se mit immédiatement à l'œuvre.

Le 3o juillet, dans une nouvelle séance, il informait ses collègues du résultat de son travail : lui et son adjoint, à l'aide des registres de l'octroi et en prenant pour base le terme moyen de trois années, avaient dressé l'état de ce que chacun payait annuellement d'après les tarifs en vigueur. Communication de cet état ayant été faite aux habitants, presque tous l'approuvèrent. Mais à la suite, « par une fatalité » inconcevable, la majeure partie d'entre eux avait, » sous des prétextes plus ou moins frivoles, rejeté » l'abonnement dans l'espérance que bientôt ils se- » raient délivrés de tout droit d'octroi ».

Après cet exposé, M. Vieux ajouta « qu'il voyait
» avec un extrême déplaisir ce changement inopiné
» de ses concitoyens, que ce n'était qu'à leurs solli-
» citations qu'il avait fait plusieurs voyages à Fon-
» tainebleau et à Melun auprès de MM. les préfet
» et sous-préfet, pour faire part de ce projet à ces
» magistrats et obtenir d'avance leur assentiment ;
» qu'il a été pénible pour lui de voir que toutes ses
» démarches et les soins d'un travail laborieux de-
» vint inutile aujourd'hui ; pourquoi il invite le conseil
» à délibérer à cet égard ».

Le conseil, d'accord avec le maire, estimait que la
taxe d'abonnement procurerait les ressources nécessaires aux dépenses de la ville et améliorerait le mode
de perception de l'impôt. En présence de la trans-
formation subitement survenue dans l'opinion publique à Moret, il ne prit point de décision ferme et
résolut d'attendre la réponse à l'adresse envoyée le
16 juillet à la Chambre des députés. Il vota des
remerciements à M. Vieux, à l'adjoint Daniel Fromager, et décida que leur travail serait déposé aux
archives « comme une preuve de leur zèle et de leur
» dévouement aux intérêts de leurs administrés »[1].

Le maire se trouvait décidément dans une période
fâcheuse. Vers la fin du mois d'août, la duchesse
d'Angoulême prit par Moret pour se rendre à Paris[2].
Elle fut acclamée par la plus grande partie des Mo-

---

1. *Archives municipales de Moret,* registre des délibérations.— L'octroi
par abonnement ne fut établi à Moret qu'après les Cent jours, le 26 novembre 1816.

2. Cette princesse, que Napoléon disait être le seul homme de sa famille,
était fille de Louis XVI. Elle avait épousé son cousin le duc d'Angoulême.

rétains et haranguée par M. Vieux. Lorsque ce dernier eut terminé son discours, la princesse, avec la voix rude et forte qui la distinguait, lui ordonna de retirer son écharpe, qui était rouge et non blanche[1]. Absorbé par d'autres devoirs plus impérieux, M. Vieux avait oublié de se procurer une écharpe nouveau modèle. Comment voir là une rébellion ? La marche rapide des événements suffisait à l'excuser.

Quoi qu'il en soit, la mésaventure lui parut d'autant plus amère que les habitants venus à la rencontre de la duchesse portaient des cocardes blanches et que la municipalité avait solennellement adhéré à la Restauration. Irrité déjà du désaveu de ses commettants au sujet de la question des impôts, M. Vieux donna sa démission.

Quelques jours après, le 28 août, le préfet le remplaçait par M. Clément, jeune notaire dont nous avons déjà eu l'occasion de citer le nom[2].

Mais M. Clément ne put entrer en fonctions avant d'avoir été soumis à la cérémonie du serment et de l'installation. De là une vacance dans la première magistrature de la ville, vacance qui donna lieu à un malentendu. Le 16 septembre le duc d'Orléans, la duchesse sa femme et leurs enfants, se dirigeant sur Fontainebleau, traversèrent Moret. Ordre avait été transmis de leur rendre les honneurs ; à défaut de maire, personne ne prit les mesures nécessaires. « Cette circonstance, dit le préfet en son style offi-

---

1. Manuscrit Piffault. — Teste d'Ouet, p. cxvi. — Sous l'Empire, par arrêté des Consuls du 17 prairial an VIII, les maires portaient une écharpe rouge à franges tricolores.

2. *Archives municipales de Moret*, registre des délibérations.

» ciel, a privé les habitants de Moret du bonheur de
» faire éclater, comme ils l'auraient désiré, les senti-
» ments dont ils sont animés pour l'auguste dynastie
» des Bourbons »[1]. Les idées libérales du duc d'Orléans l'ayant rendu suspect aux Tuileries, la mésaventure n'eut pas de suites.

A la fin de septembre, conformément à une circulaire du préfet, les conseillers municipaux du canton
prêtèrent serment de fidélité au roi dans les termes
suivants : « Je jure et promets à Dieu de garder
» obéissance et fidélité au roi, de n'avoir aucune in-
» telligence, de n'assister à aucun conseil, de n'en-
» tretenir aucune ligue qui serait contraire à son
» autorité ; et si, dans le ressort de mes fonctions ou
» ailleurs, j'apprends qu'il se trame quelque chose à
» son préjudice, je le ferai connaître au roi[2] ».

En décembre, le comte d'Artois, allant assister au
service célébré annuellement dans la cathédrale de
Sens en l'honneur du Dauphin et de la Dauphine
ses père et mère, passa par Moret à son tour[3]. Il ne
semble pas que la population ait montré des marques
bien vives de sympathie à son endroit. Son nom
demeurait attaché à la suppression vainement atten-
due des droits réunis.

La réponse hautaine de la duchesse d'Angoulême,
la déception produite par les promesses trompeuses
du comte d'Artois n'étaient pas pour augmenter le
zèle royaliste des habitants de Moret.

---

1. *Archives nationales*, F le III (9), rapport du préfet au ministre de
l'intérieur.
2. *Archives municipales des communes.*
3. *Manuscrit Piffault.*

Les princes ne réussissaient pas mieux dans les autres parties du département. A Meaux, par exemple, et dans les environs, on affectait de se rattacher à la cause de Bonaparte parce que, de l'aveu même du préfet, le duc de Berry ne fit qu'un médiocre accueil aux honneurs qu'on avait voulu lui rendre ; à peine daigna-t-il recevoir les députations et écouter leurs compliments[1].

D'ailleurs presque partout en France, on constatait une opposition antibourbonnienne. En Seine-et-Marne notamment, le préfet lui-même avait été dénoncé comme bonapartiste ; l'inculpation ne parut pas justifiée, elle fut classée comme vague et non décisive[2].

De plus, des actes séditieux révélaient un grandissant esprit d'hostilité. Depuis un certain temps déjà, des émissaires portant l'uniforme français se glissaient au milieu des soldats et leur offraient des congés signés de l'empereur Alexandre[3]. A la suite de nombreuses désertions provoquées par ces congés de contrebande, le maréchal Soult, ministre de la guerre, afin de porter l'armée à son complet de paix, pressa le retour des soldats absents. Le 8 décembre, les rappelés réunis à Fontainebleau entrèrent en tumulte dans le local où se faisait la distribution des billets de logement. Il ne fallut rien moins que l'intervention du lieutenant de gendarmerie pour rétablir l'ordre.

1. *Archives nationales,* F⁷ 3784, bulletin de police du 22 octobre 1814.
2. *Archives nationales,* F⁷ 3783, bulletin de police.
3. A. Durand, *Fastes de Fontainebleau,* p. 322 (impr. M. Bourges, 1901).

A leur passage à Melun, les mêmes soldats rencontrèrent des gardes du corps de la compagnie royale de Marmont. Lorsqu'ils furent à leur hauteur et pour les narguer, un cri de : *Vive l'empereur !* s'échappa de la colonne.

Autre indice, le déficit du contingent de Seine-et-Marne s'éleva à 118 hommes. Les gendarmes ramenèrent en grande partie les réfractaires, mais le fait n'en reste pas moins probant[1].

---

1. *Archives nationales*, F⁷ 3733 : Rapports de police des 16, 20 décembre 1814 et 25 janvier 1815.

DEUXIÈME PARTIE

___

PASSAGE DE NAPOLÉON Ier A MORET

AU RETOUR DE L'ILE D'ELBE

___

L'année 1815 s'ouvrit sous de mauvais auspices pour le gouvernement.

A l'exception de Louis XVIII, la famille royale, les courtisans et les nobles conservaient les idées de l'émigration.

La bourgeoisie professait un vif attachement pour les avantages qu'elle avait retirés de la Révolution ; les paysans se souvenaient avec effroi de la dîme et des droits féodaux ; les possesseurs de biens nationaux craignaient d'être dépossédés. Le peuple gardait l'esprit de 89.

On avait froissé et humilié l'armée en donnant des congés de demi-solde aux anciens officiers, pour les remplacer par de jeunes gentilshommes sans expérience. Un régiment campé dans la forêt de Fontainebleau, sur les Monts-de-Fays, refusa de rendre son drapeau tricolore ; les soldats le brûlèrent sur la table du Grand-Maître et en avalèrent les cendres délayées dans de l'eau de vie [1].

___

1. Domet, *La forêt de Fontainebleau*, p. 344. Voir aussi A. Durand, *Fastes de Fontainebleau*.

Les politiciens, les journalistes ébranlaient l'opinion.

L'opposition montait. Pour tous Louis XVIII restait le roi imposé par l'ennemi, « l'émigré rentré » en croupe derrière un cosaque ».

Chaque jour gouvernants et gouvernés, marchant en sens inverse, se détachaient davantage l'un de l'autre.

Napoléon, de son côté, restait attentif. A le voir absorbé tout entier par les soins qu'il apportait à l'organisation de son île, on aurait pu le croire indifférent aux choses d'Europe, mais, sous son apparente résignation, il surveillait les événements et guettait l'occasion. Sachant les alliés rentrés chez eux et Louis XVIII discrédité, il résolut de revenir en France.

Le 1er mars 1815 il débarqua au golfe Jouan avec 1100 hommes y compris les 400 grenadiers que le traité de Fontainebleau l'avait autorisé à retenir près de lui. Pensant qu'il y aurait danger à traverser la Provence acquise au roi et à gagner Lyon par la route directe, il prit par les Alpes et le Dauphiné.

Le 5 mars il couchait à Gap. Ce fut à cette date que la nouvelle du débarquement parvint à Paris. On ne s'en émut pas tout d'abord autour du roi; on se faisait fort de se rendre maître du bandit corse, mais les progrès de sa marche contraignirent bientôt le gouvernement à sortir de l'inaction. On réunit à Lyon une armée à laquelle on donna pour chef le comte d'Artois; une ordonnance du 7 mars déclara Bonaparte traître et rebelle, avec injonction de lui courir sus. Cette ordonnance fut affichée quelques jours après dans toutes les communes de Seine-et-Marne[1].

Le 7 au soir, Napoléon arrivait devant Grenoble. Le commandant de place fit fermer les portes, les habitants les ouvrirent. Il en partit le 9, plaçant en tête de colonne deux régiments de la garnison, le 4e hussards et le 7e de ligne, et entra à Lyon le 10, à l'instant où le comte d'Artois en sortait.

Depuis le golfe Jouan, la marche de Napoléon n'avait été qu'une suite de triomphes.

Les soldats voyaient en lui non seulement le capitaine qui les avait conduits si souvent à la victoire, mais encore celui qui venait les affranchir de l'insolence des gentilshommes. Dans les casernes de Fontainebleau, ils arrachèrent de leurs uniformes la cocarde blanche, la foulèrent aux pieds et prirent la cocarde tricolore aux cris de : *Vive l'Empereur !*[2]

Pour les paysans son retour anéantissait les prétentions féodales des nobles; aux populations des villes il promettait la liberté et la paix.

Beaucoup cependant le regardaient comme le spectre de la guerre et redoutaient, non sans raison, une seconde invasion. Non sans raison en effet, car le 13 mars, les souverains alliés encore réunis en congrès à Vienne, décidèrent de se coaliser une septième fois contre la France.

Le gouvernement au lieu de laisser les garnisons éparses sur tout le territoire, les rassembla dans dif-

---

1. *Archives nationales*, F⁷ 3147. Rapport de police du 11 mars.
2. *Archives nationales*, F⁷ 3147. Rapport de police du 13 mars.

férentes villes. Celles du nord et de l'ouest furent concentrées à Melun où elles formèrent un corps dit de réserve ayant pour mission, sous les ordres du duc de Berry, d'arrêter Bonaparte. On accumula dans cette ville des approvisionnements pour 60000 hommes pendant deux mois, ainsi que 150 bouches à feu et 400 voitures[1]. On prescrivit en outre l'organisation de volontaires pour combattre avec l'armée de ligne et de gardes nationales pour le service des places. Le comte d'Autichamp fut nommé chef de légion pour Fontainebleau, Moret, La Chapelle-la-Reine. Du reste, c'est à peine si l'on put ébaucher ces moyens de défense, la levée de la garde nationale ne reçut même pas un commencement d'exécution[2].

Le duc de Berry fondait pourtant de grandes espérances sur le camp de Melun. Il aurait, disait-il, les 6000 cavaliers de la maison du roi comprenant les dragons à Melun et les lanciers à Fontainebleau[3], puis les régiments suisses et de nombreuses bandes de volontaires. Il pensait avoir le temps de construire des ouvrages en avant de la ville et répondait des volontaires comme de vieux troupiers.

Le conseil général de Seine-et-Marne, convoqué en séance extraordinaire[4], prêta assistance au gouvernement contre Napoléon. Son premier soin fut de rédiger une adresse au roi dans laquelle on lisait : « Sire, les membres du Conseil général sont à leur

1. *Archives nationales*, AF IV, 1940. — Henry Houssaye, *1815, Les Cent jours*.
2. *Archives nationales*, F le III (9).
3. *Archives nationales*, F le III (9) (16 mars).
4. Par ordonnance royale du 11 mars.

» poste. Ils ont juré fidélité à la patrie, à la charte,
» ils tiendront leur serment. » L'assemblée départementale provoqua ensuite un arrêté déclarant les
conseils municipaux en permanence et établissant
des postes en vue de surveiller les voyageurs; elle
prit des mesures relatives à la perception des impôts
dont elle recommanda le paiement anticipé; désigna
deux de ses membres pour faire partie du comité
militaire chargé de pourvoir aux besoins de l'armée de
réserve; fit appel aux soldats pour éviter la défection;
se mit en rapport avec les assemblées de l'Yonne et
de l'Aube pour obtenir des renseignements, et enfin,
après avoir annoncé que les citoyens qui s'enrôleraient
pour la défense du roi auraient le droit de porter la
décoration du lys, elle lança aux habitants de Seine-
et-Marne cette proclamation :

La France subirait-elle encore le joug oppresseur qui, après
avoir pesé si longtemps sur elle et sur l'Europe entière, a été
brisé par le soulèvement des populations indignées ! Un auda-
cieux croit-il impunément insulter à la nation française avec
une poignée d'hommes ?...

Quelle confiance peut-on avoir dans les promesses d'un
homme qui, renversant lui-même les lois qui étaient son ouvrage, a traité avec inhumanité la nation, qui, séduite par ses
victoires et son hypocrite modération, lui avait confié le pouvoir sur des garanties qu'il a violées? Peut-il vouloir régner
par l'amour et la reconnaissance? Il épuiserait la France par
de nouvelles moissons d'hommes et de tributs, et la ruine
totale le forcerait enfin à attaquer la famille et la propriété.

Souvenez-vous qu'au retour de Moscou il avait promis de
ne lever ni hommes ni argent, souvenez-vous de ce qu'il ordonna quinze jours après.

Il a compté sur les divisions de l'intérieur, mais tous les
partis ne sont-ils pas réunis près du roi et de cette charte

constitutionnelle qui commençait à ramener le bonheur au milieu de nous ?...

Empêchons que le sang français soit répandu par des mains françaises ; que ceux chez qui le délire d'une ambition grossière ou d'une fiscalité déprédatrice étouffe tout amour de la patrie, soient arrêtés dans leurs pernicieux desseins par la résistance énergique qui se prononce unanimement contre tout ennemi du repos et du bonheur général [1].

Le comte de Plancy, préfet de Seine-et-Marne depuis 1810, avait conservé sa place malgré l'entrée en scène des Bourbons; son adhésion au nouveau régime était-elle sincère ? Il est permis d'en douter lorsqu'on examine ce qu'il y eut d'équivoque et de contradictoire dans sa conduite. Si en effet, le 11 mars, il envoie une longue épître au roi pour lui exprimer ses sentiments d'amour et de fidélité [2], s'il cherche à mettre sur pied la garde nationale, s'il demande des fusils et seconde la concentration de l'armée de Melun; il n'apparaît pas qu'il ait été très émotionné d'apprendre que les soldats de la garnison de Fontainebleau tenaient de mauvais propos contre le gouvernement; il transmettait au contraire à son ministre qu'ils se comportaient « avec sagesse »; ces soldats étant logés chez les particuliers; il semblait admettre à regret la nécessité de les caserner [3]. Il n'apparaît pas non plus qu'il ait sévi avec une extrême rigueur contre un personnage mystérieux, un sieur Belmont, qui parcourait toutes les communes de l'arrondissement de Fontainebleau, achetant des

1. A. Hugues, *Le département de Seine-et-Marne.*
2. *Archives nationales*, F 7 3148; F 7 3733. Bulletin du 11 mars.
3. *Archives nationales*, F 7 3733. Bulletin du 9 mars.

armes et faisant de la propagande pour Napoléon[1]; la suite prouva que ces achats répondaient à un complot[2]. Le 13 mars, il ne connaît pas la direction prise par Bonaparte, il n'a aucune nouvelle[3], peut-être passera-t-il par Troyes et Provins[4]; selon lui, on répand des bruits absurdes « pour donner de la tiédeur à l'esprit public »; malgré quelques cris de : Vive l'Empereur! il trouve que l'état général du département ne présente aucun danger, il espère qu'il sera garanti de toute espèce de troubles. Le 15 mars, il termine son rapport par ces mots : « Tout est calme[5] ». On s'étonne à bon droit de cette tranquillité d'esprit alors que le conseil général se montrait si anxieux.

Le conseil général avait raison d'être inquiet, car le 17 mars Napoléon arrivait à Auxerre où il fut rejoint par le maréchal Ney.

Il se trouvait maintenant à la tête d'un véritable corps d'armée : il avait avec lui, en plus des troupes de l'île d'Elbe, les 5e, 7e et 11e de ligne, le 4e hussards, le 3e du génie (garnison de Grenoble); — les 20e et 24e de ligne et le 13e dragons (garnison de Lyon); — les 23e, 36e, 39e, 72e et 76e de ligne, le 3e et le 6e hussards, le 4e d'artillerie à cheval (corps dirigés sur Lyon et qui avaient rallié Napoléon); — les 60e et 77e de ligne, le 6e chasseurs et le 5e dragons

---

1. *Archives nationales*, F⁷ 3733; F⁷ 3147. Bulletins du 7 mars.
2. *Archives nationales*, F⁷ 3784. Bulletins divers.
3. *Archives nationales*, F¹ᶜ III (9), 13 mars; F⁷ 3147, même date.
4. *Archives nationales*, F⁷ 3147. Bulletin du 15 mars.
5. *Archives nationales*, F⁷ 3147; F⁷ 3733. Bulletins des 11 et 15 mars.

(amenés par le maréchal Ney). Au total 15 à 16000 hommes [1].

Ce même jour, 17 mars, le duc de Berry, accompagné du général Claparède, vint à Melun prendre son commandement. Ses illusions se dissipèrent promptement. Il trouva aux avant-postes un bataillon d'officiers à demi-solde, mais tous étaient venus avec l'intention d'aider au rétablissement de l'empire ; il dut les faire rétrograder sur Saint-Denis. Quant aux volontaires, qui se distinguaient surtout par leurs chapeaux à la Henri IV surmontés d'un panache blanc[2], ils prenaient position sur la route de Melun à Fontainebleau avec trop de bruit et de désordre, pour avoir rien de commun avec de vrais soldats.

Cette armée, qui comptait 20000 hommes et non 60000, s'échelonnait de Villejuif à Montereau, avec le 6e lanciers ou régiment de Berry, en avant-ligne à Joigny. Le baron de Galbois, colonel de ce régiment, dans un rapport au chef d'état-major de l'armée de Melun, écrivait : « Je craindrais un engage- » ment sérieux avec le 4e régiment de hussards qui » a déserté, parce que mon régiment a été de bri- » gade avec le 4e et que les soldats se connaissent[3]. » Le 4e hussards formant précisément l'avant-garde de Napoléon, les lanciers et les hussards ne pouvaient moins faire que de se rencontrer. Leurs relations avaient été si excellentes autrefois qu'au lieu

---

1. Henry Houssaye, *1815*.
2. De Vaulabelle, *Histoire des deux Restaurations*, t. II.
3. *Archives historiques de la guerre*, Correspondance générale.

de se combattre ils renouvelèrent connaissance. Ils fraternisèrent tant et si bien que le 6ᵉ lanciers se déclara en faveur de l'Empereur et vint occuper pour lui les ponts de Montereau après en avoir chassé les gardes du corps[1], mouvement on ne peut plus judicieux et opportun, car le général du génie Haxo, de l'armée de Paris, avait déjà prescrit au chef de bataillon Lesecq de couper, entre Montereau et Nogent, les ponts « qui pourraient donner accès » aux rebelles ». La présence des lanciers empêcha l'exécution de cet ordre[2].

Le duc de Berry fit alors reculer son quartier-général jusqu'à Villejuif et rentra à Paris désespéré.

Cependant la situation de la ville de Moret, placée entre les royaux et les impériaux, demeurait inquiétante et dangereuse. D'une part, les soldats de Napoléon ne parlaient que « d'exterminer les » chouans et les gardes du corps qu'on leur disait » massés en avant de Fontainebleau[3]. » D'autre part, le duc de Berry avait prescrit d'envoyer de la cavalerie à Fontainebleau, Moret et Sens, pendant que Clarke, duc de Feltre, ministre de la guerre du roi après avoir été celui de l'empereur, voulait mettre Nemours, Montargis, Montereau et Moret en état de siège et y expédier des officiers supérieurs chargés d'y organiser la défense avec les gardes na-

1. Henry Houssaye, _1815._ — De Vaulabelle, _Histoire des deux Restaurations._

2. _Archives municipales de Montereau_, carton de 1814-1815.

3. Henry Houssaye, _1815, Les Cent jours_, p. 329.

tionales[1]. Mais les troupes royales n'offrant aucun fonds de résistance, les mesures préconisées par le ministre restèrent lettre morte.

C'est à ce moment qu'un officier du génie, nommé Lenoir, vint à Moret et engagea le maire à faire sauter le pont dans le but « d'entraver la marche de » l'ennemi ». Mais M. Clément, se refusant à prendre de lui-même une décision aussi importante, en référa au sous-préfet. Par suite de cette mesure dilatoire, le passage du pont resta libre[2].

A partir d'Auxerre, l'Empereur adopta un dispositif de marche particulier. Pour éviter la fatigue, une partie de l'infanterie comprenant les 11e, 20e, 23e, 24e, 39e, 72e de ligne et une portion du 76e, fut transportée par eau dans des bateaux mis en réquisition. Ney reçut l'ordre de conduire une colonne sur Paris, par Joigny, Montereau, Melun et Brie-Comte-Robert[3] ; cette colonne se composait de deux bataillons du 76e, des 36e, 77e, 60e de ligne, 6e chasseurs, 5e dragons et de l'artillerie. Le reste, c'est-à-dire les 5e, 7e, 11e de ligne, 3e, 4e, 6e hussards, 13e dragons, 3e du génie, 4e d'artillerie, le bataillon de l'île d'Elbe et la garde, fut placé sous le commandement du général Brayer. Napoléon voyagea avec

---

1. *Archives historiques de la guerre*, Correspondance générale. Ordres donnés par le duc de Berry pour le 18 mars et rapport du ministre de la guerre.
2. *Archives départementales,* papiers Lhuillier.
3. *Archives nationales*, AF. IV 1938, et *Archives municipales de Montereau*.

ces derniers régiments[1] qui se dirigèrent sur Sens, Pont-sur-Yonne, Moret, Fontainebleau.

On a comparé le retour de Napoléon au « vol de l'aigle », il s'avançait en effet avec la plus grande rapidité, mais en se faisant toutefois précéder à deux jours de marche par de la cavalerie. C'est ainsi que le samedi 18 mars, le capitaine Guillaume se présenta à Moret avec 215 chevaux du 6e lanciers. Le capitaine se rendit immédiatement à la mairie où il déposa la note suivante :

EMPIRE FRANÇAIS

En vertu des ordres qui m'ont été donnés par M. le baron de Galbois, colonel du 6e lanciers, commandant l'avant-garde des troupes de Sa Majesté l'Empereur, il est enjoint à M. le Maire de la commune de Moret d'organiser des magasins pour assurer la subsistance des hommes et chevaux en station à Moret et de pourvoir aux fournitures à faire aux troupes de passage. Ces subsistances seront aussi fournies par les communes de son canton.

Moret, le 18 mars 1815.

Le Capitaine,

GUILLAUME.

Les lanciers, au lieu d'être répartis et disséminés dans la ville, furent groupés par fractions de 50 ou de 60 dans les auberges; cette disposition leur permettait de se rallier facilement en cas de nécessité.

Il fallut en toute hâte créer un magasin. A cet effet, le meunier Mathurin Picard, à cause de l'expé-

---

1. Lefol, *Souvenirs de la campagne de 1814.*

rience qu'il avait acquise en 1814, se chargea des vivres-pain; Chicard, instituteur, fut préposé à la réception des fourrages[1].

Le lendemain 19 mars était le dimanche des Rameaux. Les municipalités de Ville-Saint-Jacques, Villecerf, Villemer, Montarlot, Écuelles et Veneux-Nadon envoyèrent à Moret leur part contributive en blé, avoine, paille et foin. Le versement commença dès sept heures du matin. Cette diligence se trouva justifiée, car, dans l'après-midi, vers quatre heures, le 4e hussards et le 13e dragons passèrent à Moret et s'y arrêtèrent en « rafraîchissement », c'est-à-dire le temps de renouveler les provisions et de faire reprendre haleine aux chevaux[2]. Ces deux régiments allèrent ensuite s'établir en grand'gardes sur la lisière de la forêt; on avait prévenu Napoléon que 2000 gardes du corps occupaient Fontainebleau et ses approches. D'après ce que nous savons, cet avis manquait de vraisemblance, l'Empereur jugea néanmoins nécessaire de prendre des précautions[3]. A la vérité les troupes royales devaient, dans la journée, prononcer un mouvement en avant; contrairement aux prévisions elles reçurent l'ordre de se retirer[4].

A Moret, on attendait l'Empereur le soir même. Parti de Pont-sur-Yonne à la nuit tombante, il s'arrêta quelques instants à Fossard où il aperçut, rangés en bataille, les dragons du roi qui avaient

1. *Archives municipales de Moret*, série H.
2. *Archives municipales de Moret*, série H.
3. Fleury de Chaboulon, *Mémoires*, p. 258.
4. Henry Houssaye, *Les Cent jours, 1815*, p. 352.

abandonné leurs officiers pour le suivre; il mit pied
à terre, les salua « avec cette gravité militaire qui lui
seyait si bien », leur fit des compliments et leur distribua des grades[1].

Il entra dans Moret à minuit[2]. Le convoi se composait de trois voitures : dans la première se tenait
le général Drouot, dans la deuxième l'Empereur,
dans la troisième le secrétaire Fleury de Chaboulon;
les colonels Germanowski et Duchand, le chef d'escadron Raoul, quelques lanciers polonais de l'escadron de l'île d'Elbe et des gendarmes d'élite galo-
paient aux portières. Les chevaux, les postillons, les
courriers étaient parés de rubans tricolores[3]. L'Empereur vint directement chez le maire M. Clément.
En l'absence de son mari, Mme Clément, jeune
femme de dix-sept ans, le reçut sans se déconcerter
et lui offrit une chambre au premier étage de sa
maison.

« L'Empereur portait une vieille capote avec un
» gilet de peau à grandes poches remplies de tabac;
» il cherchait à conjurer les périls qui pouvaient le
» menacer. Mais sous ce grossier déguisement, il
» portait les insignes de sa dignité et, au besoin, il
» ouvrait sa capote et se faisait reconnaître[4]. »

Arrivée et installation se firent sans apparat et
sans bruit. Le conseil municipal, siégeant en permanence selon les instructions reçues, n'en fut informé

---

1. Fleury de Chaboulon, *Mémoires*.
2. L'abbé Pougeois, *L'antique et royale cité de Moret-sur-Loing*.
3. Fleury de Chaboulon, *Mémoires*.
4. Abbé Pougeois, *L'antique et royale cité de Moret-sur-Loing*.

qu'au moment où l'on vint prévenir M. Clément que l'Empereur était chez lui[1].

M. Clément, nous le savons déjà, demeurait dans la Grande-Rue en face de l'hôtel de ville, dans l'ancien logis de la *Belle Image*, là même où le général autrichien Hardegg avait habité l'année précédente. M. Clément, propriétaire de cette maison aux droits de sa femme, l'avait transformée à sa convenance. La chambre donnée à Napoléon, située immédiatement au-dessus de la pompe dite de *l'Image*, se trouvait à proprement parler dans une dépendance de l'ancienne auberge.

La propriété ayant été divisée depuis, cette chambre fait aujourd'hui partie de l'appartement de M. Prin, maréchal ferrant.

L'Empereur ne se coucha point et se reposa seulement dans un fauteuil.

Un gamin de 10 à 12 ans, curieux jusqu'à l'indiscrétion, se glissa vers la porte de la chambre pour apercevoir « le grand Napoléon ». A la même minute sortait le général Drouot qui fit déguerpir l'espiègle en esquissant un geste de son pied[2].

L'empereur consacra d'ailleurs plus de temps au travail qu'au sommeil; rejoint à Moret par 75 courriers auxiliaires, il dut prendre connaissance des nouvelles qu'ils apportaient et les réexpédier dans différentes directions. Il se fit aussi rendre compte de l'état des troupes et ordonna une réquisition sur les

---

1. Renseignements fournis par la famille Clément.
2. Renseignement fourni par la famille Clément.

communes qui n'avaient encore rien fourni, soit sur Champagne, Vernou, La Celle, Épisy[1].

Napoléon aurait pu marcher droit sur Fontainebleau, mais il décida par prudence de s'arrêter à Moret pour y attendre la rentrée des grand'gardes et des éclaireurs lancés dans la forêt. Les chemins étant sûrs, il partit à quatre heures du matin après avoir séjourné quelques heures dans notre ville. Malgré l'heure matinale les habitants lui firent une ovation à son départ[2].

La famille Clément a conservé les objets dont Napoléon a fait usage, « notamment un beau sala- » dier en porcelaine qui, par une méprise du grand » homme, a reçu, en cette nuit mémorable, une des- » tination tout à fait étrangère à ses ordinaires attri- » butions[3] ». On rapporte que Mme Clément, en entrant le matin dans la chambre, ne put s'empêcher de manifester d'une façon très vive sa stupéfaction. Ce saladier existe encore.

Le 20 mars, vers cinq heures, au petit jour, escorté depuis Moret par 200 cavaliers du 13e dragons, l'empereur pénétrait dans Fontainebleau aux acclamations de la foule[4]. Son secrétaire lui ayant observé qu'il était imprudent de descendre au château, il répondit avec son fatalisme ordinaire : « Vous êtes » un enfant; s'il doit m'arriver quelque chose, toutes

---

1. *Archives municipales de Moret et des communes du canton.*
2. *Archives nationales,* AF. IV 1948.
3. Sollier, *L'auberge de la Belle-Image.*
4. *Archives municipales de Fontainebleau.*

» ces précautions là n'y feront rien. Notre destinée
» est écrite là-haut[1] ». Du reste, dès la veille, de
minutieuses recherches avaient été faites dans les
appartements[2]. Peu après il s'arrêtait dans la cour
du Cheval-Blanc où il trouva le préfet de Seine-et-
Marne, comte de Plancy, accouru de Melun pour
le complimenter[3]. Le comte de Plancy, en servant
la royauté, avait cédé aux circonstances, mais il était
resté bonapartiste.

Napoléon reçut aussi les félicitations du conseil
municipal de Fontainebleau auquel il donna « l'as-
» surance d'éprouver toujours la continuation de
» ses bienfaits »[4], et des officiers de la garde nationale qui se montrèrent « pénétrés d'admiration
» de l'événement miraculeux »[5]. Quant au comte
Digoine, sous-préfet, il s'était rendu à Paris, près
du roi[6].

Un historien a prétendu qu'à la vue de ce palais
de Fontainebleau où il avait signé son abdication et
où il reparaissait en souverain, Napoléon s'était
senti fortement impressionné. C'est une erreur; il
ne parut éprouver aucune émotion. Après les récep-
tions on le vit parcourir les jardins et le palais avec
autant de plaisir et de curiosité que s'il en prenait
possession pour la première fois[7]. Il n'écouta même

1. Fleury de Chaboulon, *Mémoires*.
2. A. Durand, *Fastes de Fontainebleau*.
3. Henry Houssaye, *1815, Les Cent jours*.
4. *Archives municipales de Fontainebleau*.
5. *Archives nationales*. AF. IV 19;8.
6. *Archives nationales*, F¹ᶜ III (9).
7. Fleury de Chaboulon, *Mémoires*.

pas les sinistres prédictions que lui fit parvenir la
célèbre Mlle Lenormand [1].

C'est l'avantage des triomphateurs d'entraîner
après eux des enthousiasmes poussés à l'exaltation :
une demoiselle Genty, fille d'un ancien receveur de
Mâcon, arrêtée sous les habits du sexe masculin, déclara s'être ainsi travestie pour s'enrôler par amour...
pour la gloire. Elle fut rendue à sa famille [2].

Ayant appris la fuite de Louis XVIII, des princes
et des ministres sur les places du nord et sur Gand,
l'Empereur marcha sur Paris sans plus de délai et
quitta Fontainebleau à deux heures [3]. A neuf heures
du soir il rentrait en maître aux Tuileries.

Dans cette journée du 20 mars, les troupes de la
suite de Napoléon traversèrent Moret; presque
toutes y furent rafraîchies au sens militaire du mot.
Les régiments présentaient d'ailleurs des effectifs
restreints. On vit ainsi défiler le général Brayer et
son état-major, le 4e d'artillerie, les lanciers de la
garde, le 7e de ligne, une partie de la garde impériale et le train d'artillerie. Le 6e hussards, fort de
400 chevaux, logea dans la ville et continua sa route
le lendemain matin, après avoir épuisé le magasin
cantonal. On fit appel aux communes pour le recon-
stituer [4].

Le 21 passèrent les transports militaires; puis
le 22, le bataillon de l'île d'Elbe ayant Cambronne

1. A. Durand, *Fastes de Fontainebleau.*
2. *Archives nationales*, F⁷ 3147. Rapport de police,
3. Fleury de Chaboulon, *Mémoires.*
4. *Archives municipales de Moret*, série H.

à sa tête et les grenadiers de la garde; à leur arrivée sur le pont, une partie de la population se porta à leur rencontre en s'écriant : *V'la les bonnets à pouel! V'la les bonnets à pouel!*[1] L'empereur tenait à les avoir près de lui apparemment, car ils partirent de Moret en poste : les chevaux et les voitures des communes de Thomery, Veneux-Nadon, Villecerf, Villemer, Épisy, Écuelles, Montarlot et Moret, furent réquisitionnés pour les conduire à Fontainebleau. Une fois à destination les voituriers purent croire qu'ils allaient rentrer chez eux, mais un nouvel ordre les obligea à transporter ces mêmes grenadiers de Fontainebleau à Essonnes; là seulement on les libéra[2].

Plus tard, en 1861, M. Desmarais, un des successeurs de M. Clément à la mairie de Moret, fit poser dans la Grande-Rue, sous la fenêtre de « la chambre de l'empereur », une plaque en marbre noir sur laquelle une inscription en lettres d'or rappelait les faits que nous venons de rapporter. Cette plaque a été enlevée en 1870, lors de l'invasion prussienne; elle portait :

NAPOLÉON Ier
A SON RETOUR DE L'ÎLE D'ELBE
A PASSÉ DANS CETTE CHAMBRE
LA NUIT DU 19 AU 20 MARS 1815.

On peut se demander quelle fut l'attitude des habitants de Moret au retour de l'île d'Elbe. Le docu-

1. Renseignement fourni par le père Job.
2. *Archives municipales de Moret,* série II.

ment suivant, adressé aux Tuileries quelques jours après par la municipalité, nous renseignera sur ce point :

A Sa Majesté l'Empereur des Français.

Sire,

Votre Majesté aura remarqué, sans doute, lors de son passage dans la petite ville de Moret, combien l'allégresse a été grande parmi ses habitants, vous avez franchi les mers à travers mille périls pour défendre les Droits du Peuple français et les vôtres.

Nous voyons avec la plus grande confiance Votre Majesté remonter sur le trône impérial que la nation française vous a confié pour la conservation de ses droits, et nous vous supplions d'agréer nos hommages respectueux en attachant à votre auguste personne l'assurance de notre constante fidélité.

Suivent les noms des conseillers municipaux et d'un grand nombre de citoyens. A noter toutefois que M. Clément a inscrit son nom tout à fait à part, en manière de légalisation. Au bas de la page on lit :

Il est observé qu'une grande quantité d'habitants ne sachant signer se sont présentés pour exprimer les mêmes vœux que ceux qui ont signé [1].

L'adresse de la commune de Thomery, toute débordante de lyrisme, est également à citer :

---

1. *Archives nationales*, AF. IV 1948 (15 avril).

Les Maire, Adjoint et Membres du Conseil municipal de la commune de Thomery à Sa Majesté Napoléon, empereur des Français.

Sire,

Dans les communes rurales de votre empire, il est peu de communes qui aient été plus honorées de votre auguste présence que celle de Thomery. Là, plusieurs fois vous avez paru tempérer l'éclat de la Majesté impériale pour sourire avec bonté à un peuple sensible, paisible et laborieux qui ne semblait cultiver des treilles renommées que pour s'enorgueillir de l'honneur de vous en offrir les plus beaux tributs.

Sire! ces heureux jours de félicité renaissent, ils se perpétueront avec ce profond souvenir qui nous est toujours resté de la plus touchante affabilité. Aussi l'admiration, la reconnaissance et notre amour pour Votre Majesté ne varieront jamais dans nos cœurs : nos enfants sont élevés dans les mêmes sentiments; tout ici est peuple, et partout où il n'y a que le peuple, le langage, les affections, les vœux, tout est franc, univoque pour la patrie et pour le père du peuple.

Nos premières jouissances, sire, dans la liberté publique que vous nous avez rendue, sont d'applaudir universellement avec éclat au rapide et triomphant retour de Votre majesté et de déposer au pied de votre trône l'humble expression d'une fidélité, d'une soumission sans borne.

Le signal tricolore qui multiplie les élans et les acclamations du peuple français a été arboré avec le plus grand enthousiasme, il embellit et réjouit toute cette commune, sans cesse il est salué du cri national de : Vive l'Empereur! Vive l'Empereur[1]!

Malgré ces déclamations, nous croyons, à descendre au fond des choses, que la disposition des esprits

---

1. *Archives nationales*, AF. IV 1948.

fut surtout expectante. Les bonapartistes exultaient, faisaient du bruit, la masse craignait de manifester ouvertement des opinions contraires à l'engouement du jour. Les premières heures d'admiration passées, on a constaté que, au fur et à mesure que Napoléon se rapprochait de la capitale, la note dominante était l'hésitation et la défiance. L'impression générale se traduisait par le sentiment du provisoire : « Ça ne durera pas », disait-on. L'accueil de Paris fut « morne et glacial ».

L'administration elle-même faisait plutôt preuve d'hostilité. Un grand nombre de préfets et de sous-préfets furent changés. Le comte de Plancy resta à Melun, mais dès le 6 avril, M. César Valade revint à Fontainebleau aux lieu et place du comte Digoine[1].

Le préfet, dans un de ses rapports, insistait sur l'opportunité du retour de l'impératrice et du roi de Rome; peut-être avait-il entendu chanter ce refrain de l'époque :

> Ah! dis donc Napoléon
> A n'vient pas ta Marie-Louise.

Néanmoins, selon lui, les administrés paraissaient satisfaits du nouvel ordre de choses; les cultivateurs se prononçaient dans un sens d'autant plus favorable que le prix du blé s'était élevé. Il signalait seulement comme devant être surveillés quelques chauds amis du roi, quelques femmes et quelques prêtres fanati-

---

1. *Archives nationales*, F 7 3147. Rapport du 6 avril.

ques qui refusaient de dire les prières publiques pour l'empereur[1].

Napoléon venait d'entraîner le peuple en lui montrant la cocarde de 89, en se proclamant issu de la Révolution, en annonçant le rétablissement d'un empire libéral et non autoritaire. Aussi eut-il à compter avec les exigences d'une opinion à laquelle les paroles ne suffisaient pas. C'est ainsi que, le 22 avril, le *Moniteur* publiait *l'acte additionnel aux constitutions de l'empire.*

Quelques jours après les municipalités prêtèrent le serment suivant transcrit sur les registres des délibérations dans les communes du canton de Moret : « Je jure obéissance aux constitutions de l'empire et fidélité à l'empereur. » A Saint-Mammès, l'assemblée se sépara aux cris de : *Vive l'empereur!*

L'accomplissement de cette formalité semblait être comme une approbation de *l'acte additionnel.* Cependant une grande partie des maires ne donnaient pas satisfaction au gouvernement. Dans le but de renouveler les autorités municipales, l'empereur décida que des élections auraient lieu le 14 mai. Presque tous les anciens maires furent réélus. Dans le canton de Moret, il n'y eut que trois changements : à Moret même, M. Durand prit la place de M. Clément que nous verrons revenir à la mairie; à Champagne, M. Thomas prit celle de M. Noël; à Ville-Saint-Jacques, M. Comble succéda à M. Croizé[2].

---

1. *Archives nationales,* F⁷ 3147; F⁷ 3734. Rapports des 30 mars et 6 avril.

2. *Archives municipales des communes du canton de Moret.*

Et alors, partout, solennelles promesses d'une inviolable fidélité à l'empereur, jusqu'à ce que de nouvelles conjonctures amènent de nouveaux serments d'obéissance au roi. En tous cas, pour l'instant, la France était redevenue bonapartiste. Le 30 mai, au vote sur *l'acte additionnel*, l'arrondissement de Fontainebleau donna 8370 oui contre 2 non, et le département 28081 oui contre 15 non [1].

Les intentions pacifiques de Napoléon, à sa rentrée en France, ne faisaient aucun doute, mais déclaré déchu et mis au ban des nations, sa volonté demeurait désormais impuissante à décider du sort de l'Europe. La guerre étant devenue inévitable, il fallut s'y préparer.

De là, dans tout le pays, de nombreuses marques de mécontentement. Les ennemis de l'empire triomphent cette fois et ne le cachent pas.

A Fontainebleau on affiche sur la porte de l'église un placard ainsi conçu : *Promesse de deux millions à celui qui trouvera la trève de vingt ans perdue en mars 1815* [2].

A Provins, des vers latins injurieux pour Napoléon furent jetés dans les maisons le jour même d'une fête donnée à l'occasion du placement du drapeau tricolore sur le clocher de la paroisse [3].

A Melun, un habitant reçut une lettre écrite de Gand par un sieur Monin, garde du corps à la suite du roi, et la répandit dans le public. Cette lettre man-

---

1. *Archives nationales*, F le III (10).
2. *Archives nationales*, F 7 3734; F 7 3785. Bulletins de police.
3. *Archives nationales*, F 7 3147. Bulletin de police.

dait que 900000 hommes entreraient bientôt en France; que les partisans de Bonaparte seraient mis à mort et qu'il fallait engager le peuple à ne prendre aucune part aux événements. Le ministre invita la direction des postes *à donner des ordres pour l'examen de cette correspondance*. Ces mots ayant sans doute parus trop compromettants, furent biffés sur la minute du rapport; on y substitua l'expression : *à surveiller cette correspondance*[1]. Avis à ceux qui nient l'existence des cabinets noirs.

En dépit des libelles et des pamphlets, les hommes en congé sont rappelés; on arme de nouvelles recrues et en particulier des gardes nationaux mobiles de 20 à 40 ans. Le général comte Lobau disait dans un rapport à l'empereur : « L'organisation se presse » avec activité dans le département de Seine-et- » Marne qui doit fournir 42 bataillons, dont un cer- » tain nombre de mobilisés destinés à faire le service » dans les places du nord. » Plus loin il ajoutait : « L'esprit est fort bon dans ce département[2]. » C'est que dans des circonstances aussi graves, il ne faut plus songer qu'à la défense du territoire. Le département de Seine-et-Marne fut encore une fois un des plus ardents à y concourir; les hommes du contingent, réunis sans retard, partirent avec entrain et bonne humeur[3].

Dans la seconde quinzaine de mai, le département comptait 7000 hommes sous les drapeaux, dont 5040

1. *Archives nationales*, F⁷ 3734; F⁷ 3785. Bulletins de police.
2. *Archives nationales*, AF. IV 1938.
3. Henry Houssaye, *1815*.

gardes mobiles, 800 rappelés et 1200 volontaires; presque tous avaient servi. Les mobilisés furent dirigés sur Le Quesnoy, Maubeuge, Saint-Omer et Boulogne[1].

Le préfet chercha à former un corps de partisans; il n'y arriva point, faute de trouver un chef[2].

La levée de la garde nationale sédentaire rencontra plus d'obstacles. On avait besoin de beaucoup d'effets d'habillement et d'équipement; or, il y en avait peu. Pour y subvenir on eut recours à la générosité des communes, mais beaucoup de ces communes, à peine remises des désastres de la précédente campagne, étaient dépourvues de moyens.

A Moret, le conseil municipal répondit que la population de la ville comprenait surtout des vignerons, que la gelée venait de leur faire éprouver une grande perte et que la plupart d'entre eux « n'avaient pu se rétablir des malheurs de la guerre de 1814 ». En conséquence, il suppliait le préfet de décharger les habitants d'une contribution qu'ils ne pouvaient payer « sans se mettre dans la plus grande détresse[3] ».

A Écuelles, un registre fut ouvert à la mairie pour y inscrire les sommes que les citoyens consentiraient à offrir à titre de don patriotique. La souscription produisit 240 francs[4].

A Saint-Mammès, le sieur Jean Tanneur, conseiller municipal, fut chargé de se présenter, en compagnie

---

1. *Archives nationales*, F¹ 3147 ; F⁷ 3734. Bulletins des 14 et 27 mai 1815.
2. *Archives nationales*, F⁷ 3785. Rapport du 9 mai.
3. *Archives municipales de Moret*, registre des délibérations (7 mai).
4. *Archives municipales d'Écuelles* (30 mai).

du garde champêtre, dans les maisons du village et de solliciter des offrandes. Quand il revint, son sac contenait 33 francs 15 centimes. En transmettant cette somme au préfet, le maire le pria « de vouloir » bien prendre en considération les regrets qu'ont » témoigné les habitants de n'avoir pu faire davan- » tage, attendu la gelée totale des vignes et le défaut » d'occupations sur la rivière[1] ».

Il n'en fut pas ainsi dans les autres communes du département, puisque, dans les premiers jours de juin, le préfet constatait que plus de 200000 francs, provenant de souscriptions, allaient être versés dans les caisses publiques[2].

La proclamation de *l'acte additionnel* eut lieu le 1er juin, dans la vaste enceinte du Champ de Mars, en présence de l'empereur, des généraux et des troupes. Il se peut que Napoléon ait entendu, dans cette solennité, des acclamations de nature à lui faire illusion, mais déjà l'ennemi se concentrait sur nos frontières.

---

1. *Archives municipales de Saint-Mammès* (7 mai).
2. *Archives nationales*, F[1] 3147. Rapport du 8 juin.

TROISIÈME PARTIE

INVASION DE 1815

———

Nous avons vu que par leur manifeste du 13 mars 1815, les souverains alliés avaient déclaré la guerre à la France. Quelques semaines après, un traité en règle arrêtait la formation de quatre armées : la première de 93000 Anglais et Hanovriens, commandée par Wellington; la deuxième de 117000 Prussiens, sous Blücher; la troisième de 150000 Russes, ayant pour chef l'empereur Alexandre lui-même; la quatrième de 210000 Autrichiens, aux ordres de Schwarzenberg. Ainsi, 570000 hommes se préparaient à entrer en France : les Anglais par Péronne, les Prussiens par Laon, les Russes par Nancy, les Autrichiens par Langres.

Napoléon calculait que l'ennemi ne serait pas en mesure de l'attaquer avant le milieu de juillet et, qu'à cette époque, 300000 Français seraient en état de tenir la campagne. Malheureusement l'Europe fut prête avant. Vers le 15 mai deux de ses armées, celles de Wellington et de Blücher, campaient sur l'Escaut et sur la Meuse; les troupes russes se dirigeaient sur le Rhin. Au 1er juin la France ne comptait que 217000 hommes sous les armes, encore faut-il considérer que, ayant à faire face sur plusieurs points à la fois, Napoléon ne pouvait réunir sous sa main que 125000 soldats.

Il résolut néanmoins de prendre l'avance, de prévenir la jonction des masses alliées en se jetant sur les Anglais et sur les Prussiens alors arrivés à Bruxelles et à Namur. Il voulait « ébranler la coali- » tion par un coup de tonnerre. »

Instruit par les événements de l'année précédente, il ordonna de fortifier la capitale et de construire des ouvrages défensifs dans certaines villes, telles que Meaux, Melun, Montereau, Sens. On rapporte qu'il eut cette pensée lors de son séjour à Surville, en février 1814[1]. Le colonel Pâris fut chargé de la direction de ces travaux avec des officiers du génie et les ingénieurs des ponts et chaussées[2].

1. Tondu-Nangis, *La bataille de Montereau*. Notes et éclaircissements de M. P. Quesvers.

2. *Archives nationales*, AF. IV 1940. — Dès le 27 mai, dans une longue instruction concernant la défense de la capitale et dans un chapitre spécial intitulé : *Défense du territoire qui couvre Paris*, Napoléon recommandait d'exécuter des travaux de défense à Meaux, Melun, Montereau, Sens, etc., et disait : « Chargez une commission d'officiers d'artillerie et du » génie d'établir sur le champ la défense de ces différents points. Il » faudra un commandant à Meaux et de l'artillerie. La sous-préfecture de » Meaux fournira, sur la levée en masse, 3 ou 4000 hommes pour tenir » garnison quand l'alarme sera donnée dans les environs..... Montereau » en fournira autant pour la défense de son pont..... Il est donc nécessaire de faire former d'avance des compagnies d'artillerie de gardes nationales à Meaux, Montereau, Sens, etc., et d'envoyer un obusier et » deux pièces dans chacun de ces endroits, pour que ces canonniers puissent s'exercer aux manœuvres.

» Je désire que les plans qui seront arrêtés pour la défense de Meaux, » de Montereau, de Melun, etc., me soient remis. » (*Correspondance de Napoléon*, n° 21973, au maréchal Davout, ministre de la guerre, 27 mai).

Quelques jours après, le 6 juin, il écrivait au même maréchal : « On » n'a pas encore commencé la défense de Meaux, Montereau, Sens, etc. » Faites-moi connaître où en sont les projets. » (*Correspondance*, n° 22020). Ce ne fut guère en effet que des projets.

Après avoir concentré ses troupes à l'improviste sur l'extrême frontière du nord, l'Empereur partit de Paris le 12 juin pour en prendre le commandement. A son passage à Dammartin, dans l'arrondissement de Meaux, il fut accueilli avec enthousiasme[1].

Son plan consistait à se placer entre les deux armées ennemies pour les battre successivement.

Dans la nuit du 14 au 15 juin l'armée française passe la Sambre et entre à Charleroi. Le 16 elle rencontre et repousse les Prussiens à Ligny où se distingue le 6e lanciers que nous avons vu à Moret trois mois auparavant. Elle s'avance ensuite contre les Anglais, laissant 30000 hommes commandés par le maréchal Grouchy, pour contenir les Prussiens.

Le 18 juin une nouvelle bataille s'engage en avant de Waterloo. Les Anglais allaient être défaits lorsque les Prussiens, échappés à Grouchy, viennent se réunir à eux : les Français sont décimés et se mettent en retraite sur Laon.

L'Empereur revient de suite à Paris. Sur une sommation de la Chambre des représentants, il abdique à nouveau et proclame son fils sous le titre de Napoléon II.

L'armée française, suivie de près par les alliés, recule par Laon, Soissons, La Ferté-Milon, Meaux.

Le 29 juin, elle quitte Meaux pour couvrir la capitale.

Forte de 90000 hommes, elle ne demandait qu'à combattre. Dans notre région, le comte de Plancy

---

1. *Archives nationales*, F⁷ 3147.

écrivait au ministre de l'intérieur que les nouvelles accablantes des dernières affaires n'avaient point produit sur l'esprit public le funeste effet que l'on craignait[1]; il informait en même temps le ministre de la guerre de la bonne volonté des gardes nationales de Seine-et-Marne « qui étaient disposées à » seconder tous les mouvements rétrogrades que » notre armée ferait faire à l'ennemi[2]. »

Mais le 1er juillet des cavaliers prussiens se montrèrent à Meaux, réquisitionnèrent du drap, du vin et s'éloignèrent. Se tenant pour averti, le sous-préfet fit évacuer les magasins de blé sur Corbeil. Ils revinrent deux jours après au nombre d'une centaine; cette fois les gendarmes les repoussèrent et leur tuèrent ou blessèrent quelques hommes. A cette date du 1er juillet les alliés occupaient déjà les hauteurs de Lizy, Claye et Dammartin[3].

Entre temps, le préfet avait fait commencer les travaux défensifs de Montereau. Le capitaine du génie directeur fit venir chaque jour, des communes voisines, un millier d'ouvriers munis de pioches, pelles, brouettes et outils nécessaires. Ces hommes devaient être relevés tous les quatre jours. Dans le canton de Moret, seule la commune d'Écuelles envoya vingt travailleurs le 1er juillet et vingt autres trois jours après[4].

---

1. *Archives nationales*, F⁷ 3147. Rapport du 23 juin.
2. *Archives historiques de la guerre*. Le préfet au ministre de la guerre.
3. *Archives nationales*. F⁷ 3147; F⁷ 3734. Bulletins du 1er au 6 juillet.
4. *Archives de la commune d'Écuelles*.

Les travaux ne continuèrent pas. Le gouvernement provisoire avait proposé un armistice à Blücher, celui-ci répondit en exigeant la reddition de Paris. Le 3 juillet une convention militaire fut d'ailleurs signée aux termes de laquelle les troupes françaises durent se retirer au delà de la Loire.

Elles traversèrent à cet effet le département. Le 5 juillet, à six heures du soir, des hommes du bataillon de Lyon croyant reconnaître des déserteurs de leur corps parmi des militaires en station à Melun, se mirent à leur poursuite et les atteignirent à Vaux-le-Pénil. Un combat s'engagea ; un des militaires fut tué et plusieurs blessés ; une femme eut la cuisse cassée par une balle. On doubla les postes de police de Melun jusqu'à la fin des passages [1].

Ce ne fut qu'un fait isolé. Cependant, bien que ces soldats observassent par la suite la plus exacte discipline, on les désigna sous le nom de *brigands de la Loire*. Macdonald, leur chef, en opéra peu à peu la dislocation.

Quant à l'Empereur, venu à Rochefort dans l'intention de s'embarquer pour les États-Unis, le capitaine anglais Maitland, du *Bellérophon*, lui proposa de l'emmener en Angleterre, il y consentit. Le navire arrivé à Plymouth, ordre fut donné au capitaine Maitland de conduire son passager à Sainte-Hélène.

Pendant la courte durée du second règne de Na-

---

1. *Archives nationales*, F⁷ 3734 ; F⁷ 3782. Bulletins du 6 juillet.

poléon, Louis XVIII, réfugié à Gand, y avait conservé un simulacre de royauté. Le 8 juillet il faisait
sa rentrée à Paris.

Maîtres encore une fois de la capitale, les alliés
résolurent de livrer la France au pillage. L'armée
d'invasion ne paraissant pas suffisante à atteindre ce
résultat, on appela d'Allemagne des régiments qui
n'avaient pas pris part à la campagne. Du mois de
juillet au mois d'octobre, 1200000 soldats s'abat-
tirent sur nos provinces. Pour mettre un certain
ordre à ce débordement, on fit une répartition du
sol français ; l'ennemi s'étendit jusque dans la
Provence et le Languedoc. Il fallut pourvoir à la
subsistance, à l'entretien, à l'habillement de cette
multitude; aussi les villes, les villages, les particuliers eurent-ils à subir les réquisitions les plus
exagérées.

Dès son retour, Louis XVIII nomma une commission siégeant à Paris et chargée, par l'intermé-
diaire des préfets, de suivre les affaires concernant
l'occupation. Les alliés en créèrent une autre de leur
côté. Ces deux commissions devaient entrer en rapport pour résoudre les difficultés qui se présente-
raient entre les autorités françaises et étrangères[1].

Le département de Seine-et-Marne, compris en
principe dans le lot des Bavarois, eut aussi à supporter la présence de garnisaires prussiens, autri-

[1]. *Archives du Ministère des Affaires étrangères.* Invasion de 1815.

chiens et russes ; les quartiers généraux se rapprochaient autant que possible de Paris.

Le 9 juillet, par une note datée de La Ferté-sous-Jouarre, le chef d'état-major du maréchal prince de Wrède prévenait le préfet que l'armée bavaroise, s'élevant à 60000 hommes, allait s'établir dans son département et l'invitait à venir à son quartier général. Le comte de Plancy s'y rendit en effet, mais en passant par le ministère de l'intérieur[1]. Revenu à Melun il prit un arrêté prescrivant aux sous-préfets et aux maires des chefs-lieux de canton de former des magasins dans les principaux centres. Il leur recommanda de répartir les charges entre chaque commune suivant la population et les produits territoriaux, puis entre chaque particulier, suivant ses contributions, son commerce, son exploitation. Il leur disait en outre qu'il proposerait au gouvernement de rembourser aux intéressés les sommes qui seraient avancées pour la nourriture des troupes[2].

Le 10 juillet, sans se préoccuper des projets des Bavarois, le feld-maréchal Blücher envoyait le 3e corps prussien à Fontainebleau et dans les environs, soit 8000 hommes commandés par le général Thielmann. Au débotté, le baron de Reiche, commissaire ordonnateur de ce corps d'armée, remit au sous-préfet la demande écrite d'une contribution de guerre de 250000 francs, de 300 chevaux, puis, sur états dé-

1. *Archives du Ministère des Affaires étrangères*. Invasion de 1815.
2. *Archives départementales*, 3 R 53. — *Archives nationales*, F 7 3147. Rapport du 11 juillet.

taillés, d'un grand nombre d'effets d'habillement et d'équipement, le tout payable et livrable sous trois jours.

Le compte en fut ainsi dressé :

Contribution en argent.	250000 fr.
3oo chevaux à seize louis chaque	115200 »
Infanterie, habillement et équipement, évaluation.	341980 »
Cavalerie, id. id. id.. . .	157760 »
Total	864940 fr.

Cette contribution de guerre fut partagée le jour même, par le sous-préfet, entre les vingt-cinq perceptions de l'arrondissement par rapport aux impôts directs[1]. Le ressort de la perception de Moret dut fournir pour sa part une somme de 28000 francs ; ce ressort se composait, en plus du chef-lieu de canton, des communes de Veneux-Nadon, Thomery, Champagne, La Celle, Vernou, Saint-Mammès. Sitôt prévenu, M. Durand, maire de Moret, réunit le conseil municipal en séance extraordinaire. La ville se trouvant privée de ressources par suite de la première invasion et ayant perdu tout espoir de récolte à cause de la gelée d'avril, le conseil estima qu'il était impossible de satisfaire à la totalité de la réquisition, notamment dans un temps si court. En conséquence, il décida que MM. Godine et Vieux, notables habitants, iraient à Fontainebleau pour réclamer une réduction et un délai[2]. Cet expédient procurait le moyen de gagner quelques jours.

---

1. *Archives départementales*, 3 R 53. — *Archives nationales*, F⁷ 3147. Bulletin du 12 juillet.

2. *Archives municipales de Moret*. Registre des délibérations.

Mais le sous-préfet, en rendant la réquisition exécutoire, avait outrepassé ses attributions. Le comte de Plancy lui infligea un blâme et lui écrivit :

> Monsieur,
>
> J'apprends que vous avez autorisé le recouvrement d'une réquisition énorme de fonds frappée par M. l'Intendant général prussien.
>
> Vous savez, monsieur, que d'après nos lois vous n'êtes point autorisé à faire de pareilles levées de fonds. Vous savez d'ailleurs que votre arrondissement ne peut pas supporter une charge aussi forte, surtout si vous réfléchissez que la présence des troupes alliées a effrayé la plupart de vos habitants, qui ont quitté leur résidence.
>
> Vous avez donc autorisé une mesure inexécutable et par cela même exposé vos habitants à être pillés[1].

Cette admonestation produisit un effet inattendu. Le matin du 11 juillet, on apprit avec étonnement, à Fontainebleau, que le sous-préfet, M. César Valade, avait furtivement quitté son poste pendant la nuit. Le baron de Reiche fit de suite porter la note suivante au préfet :

> C'est avec bien de regret que je vous fais part que cette nuit le sous-préfet de cette ville, M. Valade, est partis.
>
> Je vous prie d'avoir les plus grandes soins de placer incessamment une autre personne dans les fonctions de sous-préfet, pour éviter les plus grandes désagréments qui seraient sans doute la suite d'une conduite si affreuse du sous-préfet. J'ai fait mettre sous célé les papiers et effets de M. Valade.
>
> En attendant votre prompte réponse à cet égard, j'ai l'honneur de vous saluer avec parfaite considération.
>
> DE REICHE[2].

---

1. *Archives du Ministère des Affaires étrangères.* Invasion de 1815.
2. *Archives départementales de Seine-et-Marne*, 3 R 53.

Le préfet que nous connaissons comme un homme avisé, s'empressa, pour remplacer M. Valade, non pas de demander un autre fonctionnaire, mais de nommer une commission composée de M. Hutteau, procureur du roi, président, et de MM. Macey, Mesnager, Chenuel, Besnard, Ansillon, Lequatre et Frezet, tous notables ou conseillers municipaux de Fontainebleau. Ce système offrait l'avantage de réunir plus de monde pour chercher des vivres et permettait une profitable division du travail[1].

Sauf une interruption de six à sept mois pendant la première Restauration, M. César Valade avait rempli les fonctions de sous-préfet de Fontainebleau depuis l'origine de l'institution, c'est-à-dire depuis avril 1800. Après des débuts plutôt épineux avec la municipalité[2], il parvint à se faire estimer et respecter. Dans des circonstances critiques, en 1814 par exemple, il donna des preuves d'un dévouement « qui méconnaissait les bornes[3] ». Nous ne savons quel motif le poussa à abandonner son arrondissement. Effrayé de la responsabilité qu'il avait encourue, peut-être perdit-il la tête devant le retour des Bourbons et devant les soucis qu'allait lui créer une nouvelle invasion. On lui avait déjà reproché autrefois « son imagination volcanique[4] ». Tout considéré, le sous-préfet Valade terminait sa carrière administrative par un acte inqualifiable.

Ce même jour, le mardi 11 juillet, les Prussiens

---

1. *Archives municipales de Fontainebleau.*
2. E. Bourges, *Recherches sur Fontainebleau.*
3. *Archives municipales de Fontainebleau.*
4. E. Bourges, *Recherches sur Fontainebleau.*

s'étendirent aux alentours de Fontainebleau; 300 cavaliers, hussards et artilleurs, vinrent à Moret où ils arrivèrent à dix heures du soir. Force fut de leur fournir sans tarder 2000 rations de pain, 6 pièces de vin et 1500 bottes de foin[1].

Et alors recommencèrent les demandes du maire de Moret à ses collègues du canton. Les communes résistaient dans les limites du possible; de là une suite de lettres, de messages, de réponses qui font bien voir la situation précaire et le désarroi des populations. D'ailleurs la pratique employée pour les réquisitions laissait à désirer : les communes de Champagne, Thomery, Veneux-Nadon, Montigny, devaient procurer des vivres en même temps à Moret et à Fontainebleau, les communes de La Celle, Vernou et du sud du canton étaient sollicitées à la fois par Moret et par Montereau. Ces doubles emplois servaient aux maires pour se défendre, et, au besoin, pour ne pas répondre aux demandes. Dès les premiers jours Vernou arguait de la traversée de la Seine, Thomery prétendait qu'il n'y avait point de voitures dans la localité.

Cependant le jour assigné pour le paiement de la contribution de guerre approchait. A Moret on trouva 2850 francs, à Veneux-Nadon 1148 francs, à Thomery 750 francs, à Champagne 2500 francs, à Saint-Mammès 537 francs, à La Celle 400 francs, à Vernou 400 francs. Dans le reste du canton les communes de Ville-Saint-Jacques, Dormelles, Épisy,

---

1. *Archives municipales de Moret*, série H.

Montigny, Écuelles, fournirent leur appoint en totalité ou en partie[1].

Le jeudi 13 juillet, les percepteurs portèrent à Fontainebleau les sommes recueillies et les remirent aux membres de la commission remplaçant le sous-préfet.

Mais la commission, avant de verser l'argent aux alliés, avait bien autre chose à songer; elle venait d'apprendre que, malgré les 3500 Prussiens déjà logés dans la ville, on allait expédier sur Fontainebleau le quartier général du prince de Schwarzenberg, ainsi que 5600 hommes et 2500 chevaux formant l'armée de l'archiduc Ferdinand d'Autriche. Au reçu de cet avis, elle adressa coup sur coup deux députations à Louis XVIII[2]. Parmi les envoyés figurait M. Lequatre qui resta à Paris quelque temps, pour intervenir, autant qu'il le pourrait, en faveur de l'arrondissement de Fontainebleau. Il écrivit, en cette occasion, des lettres navrantes à la commission générale des subsistances et au roi lui-même[3]. Ce fut sans résultat; le corps de Ferdinand, entré en France par le Rhin, était parvenu dans la nuit du 13 juillet près de Moret, à Écuelles, où furent levés des vivres pour la journée du 14; cette colonne mobile comprenait : quatre escadrons de dragons, un escadron de chasseurs, deux bataillons de grenadiers, deux bataillons de fantassins, un hôpital ambulant, un train de santé, un train de bureau et un

---

1. *Archives des communes et du département.*
2. *Archives départementales,* 3 R 55.
3. *Archives du Ministère des Affaires étrangères.* Invasion de 1815.

train de magasin[1]. Tout fut mis à sac dans le village ;
plus tard, à une demande de renseignements, le
maire répondait « que le passage de l'armée autri-
» chienne avait porté la désolation et fait fuir les
» habitants dans les bois[2] ». D'Écuelles, le prince, à
la tête de ses troupes, se dirigea d'une traite sur
Fontainebleau et s'installa de sa personne dans le
palais où il vécut aux frais de la ville, à raison de 3oo
à 400 francs par jour[3].

Devant un tel afflux d'hommes et de chevaux, la
commission d'arrondissement réclama des vivres à
Thomery, à Champagne, au préfet à Melun ; elle
n'en tira que peu de chose[4].

Le vendredi 14 juillet, à sa séance du matin, la
commission prit une résolution plus importante.
Elle ordonna aux sieurs Gentil et Poussaint de se
rendre « à l'instant même » à Moret, de mettre en
séquestre les moulins du pont afin de les employer
à la fabrication exclusive des farines nécessaires à
l'approvisionnement de Fontainebleau, de réquisitionner les marchandises trouvées dans ces moulins,
de prendre des grains chez les cultivateurs du pays,
de les faire moudre et conduire par voitures au magasin du chef-lieu d'arrondissement. « Au maire de

---

1. *Archives du Ministère des Affaires étrangères*. Invasion de 1815.
2. *Archives municipales d'Écuelles*, et *Archives départementales*, 3 R 113.
Les archives d'Écuelles portent le nom de Maximilien ; c'est une erreur, le
prince héréditaire d'Autriche s'appelait Ferdinand. C'est bien ce nom que
donnent les documents du Ministère des affaires étrangères.
3. *Archives départementales*, 3 R 53.
4. *Archives de Thomery, de Champagne*, et *Archives départementales*,
3 R 55.

» les assister, sous peine de le rendre responsable
» des malheurs qui pourraient en résulter[1] ». Les
meuniers durent s'exécuter.

Les incidents abondèrent en cette journée du 14.
Bien que le terme fût échu pour le versement de la
contribution de guerre, on n'avait pu atteindre le
quantum. Les Prussiens exigèrent néanmoins la
somme intégrale et enfermèrent les membres de la
commission dans une salle du château. Au bout de
trois heures, n'ayant rien obtenu, pas même une
promesse, il les mirent en liberté. Au lieu de
250000 francs, l'ennemi se contenta de 57024 francs.
Or, la commission avait près du double par devers
elle, c'est dire combien elle fit preuve de fermeté et
d'énergie; le surplus servit à payer les impositions
des communes[2]. Il faut ajouter que le préfet s'était
opposé à la contribution et avait adressé au roi de
Prusse, ainsi qu'à la commission française du ministère, des députations chargées de représenter que
l'arrondissement de Fontainebleau, dans sa situation actuelle, ne pouvait payer 250000 francs[3]. En
même temps, il prévenait le ministre de l'intérieur
de l'énormité des réquisitions en général, des excès
commis par les alliés, de la désertion des habitants,
puis, par voie de conséquence, de la difficulté d'assurer la subsistance et de régler les cantonnements[4].

Ces démarches intimidèrent sans doute les Prussiens et les rendirent plus traitables, car, sur les

---

1. *Archives départementales*, 3 R 55.
2. *Archives départementales*, 3 R 53.
3. *Archives nationales*, F ⁷ 3782. Rapport du 12 juillet.
4. *Archives nationales*, F ⁷ 3147. Rapport du 13 juillet.

3oo chevaux réclamés, il n'en fut amené que 115 sur la place Ferrare; quatre seulement furent jugés bons et pris.

En ce qui concerne la fourniture d'effets d'habillement et d'équipement, elle se borna à quelques pièces de drap et à une assez grosse quantité de cuirs enlevés chez les marchands de Fontainebleau, de Montereau et de Nemours[1].

Ce fut aussi à cette date du 14 juillet que le comte de Plancy, partisan de l'Empereur, quitta la direction du département où il eut pour successeur le comte Germain, partisan des Bourbons[2]. Quelques semaines après, les gendarmes de Seine-et-Marne prenaient la cocarde blanche[3].

Le samedi 15 juillet, le prince de Schwarzenberg, général en chef de l'armée autrichienne, arriva à Moret avec une escorte de hussards hongrois, y resta jusqu'au lendemain et logea dans le faubourg du pont, chez Cornet, à l'auberge de l'*Image Saint-Pierre*[4].

Il s'empara de 8ooo rations de farine qu'on venait de moudre à Moret, nous l'avons vu plus haut, par ordre de la commission d'arrondissement. Les moulins furent pillés sans merci. Les meuniers de Moret prirent la fuite dans la nuit pour ne plus avoir à

---

1. *Archives départementales*, 3 R 53.

2. Hugues, *Le département de Seine-et-Marne*. — *Archives départementales*, 3 R 53.

3. *Archives nationales*, F⁷ 3147. Rapport du 25 juillet.

4. *Archives municipales de Moret*, série H. — Maison appartenant aujourd'hui à M. Frison.

passer par de pareilles épreuves; ceux des environs en firent autant[1].

Le gros des Autrichiens, venant de Langres, était encore en arrière. L'archiduc Ferdinand avait précédé Schwarzenberg, mais ce dernier voulait s'assurer par lui-même de la possibilité de faire cantonner toutes ses troupes dans la région. De Moret il se rendit à Fontainebleau pour s'entendre à ce sujet avec le général prussien Thielmann.

Le résultat de cette conférence fut que, le dimanche 16 juillet, les Prussiens se retirèrent de l'arrondissement et par suite de Moret; ils allèrent s'établir dans le département de l'Yonne.

Les Morétains ne jouirent pas longtemps de ce repos inespéré; les Prussiens furent remplacés par 877 Autrichiens ayant avec eux 315 chevaux[2]. Cette troupe comprenait de l'infanterie et les dragons de La Tour-et-Taxis. Une si nombreuse garnison dans la petite ville de Moret, qui avait alors 1660 habitants, força le maire à faire appel avec plus d'instances aux communes du canton; mais elles-mêmes recevaient des « réquisitoires » de divers côtés. Le maire de Thomery notamment se débattait chaque jour entre les demandes du chef-lieu de canton et celles du chef-lieu d'arrondissement. D'autres villages étaient occupés : le 16 arrivaient à Villemer 140 hommes à cheval, à Villecerf 100 cavaliers du régiment de Vincent-Charles, à Dormelles à peu

1. *Archives du Ministère des Affaires étrangères.* Invasion de 1815.
2. *Archives municipales de Moret,* série H.

près le même nombre, à Ville-Saint-Jacques 15o dragons qui visitèrent les greniers et les pillèrent[1].

Le lundi 17 juillet, vers midi, deux dragons de La Tour entraient chez M. Andry, chef de la municipalité de Thomery. Le premier, un grand diable de cinq pieds trois pouces, marqué de petite vérole, parlant correctement le français, informa ce magistrat qu'ils venaient, au nom du maire de Moret, réquisitionner trois vaches, deux pièces de vin et 1200 livres de pain; l'autre, ne connaissant que l'allemand, servait de comparse. Mais ils ne présentaient aucun écrit, se disaient extrêmement pressés et n'étaient que deux pour emmener le chargement de plusieurs voitures; ces raisons suffisaient à faire naître la défiance. Aussi, tout en paraissant prendre la requête au sérieux, M. Andry envoya-t-il un message à son collègue de Moret. Il apprit ainsi que nos deux dragons se livraient à la maraude. L'autorité supérieure de Fontainebleau fut aussitôt prévenue. Néanmoins ils avaient enlevé une vache, une pièce de vin et 200 livres de pain, toutes choses appréciables par ce temps de réquisitions à outrance. Le maire de Thomery écrivit alors à Moret et termina judicieusement sa lettre par ces mots : « Il faut au- » tant que possible que nous agissions d'intelligence » afin que l'événement qui vient de se passer ne se » renouvelle pas et que le service des deux villes » n'éprouve aucune entrave[2]. »

---

1. *Archives municipales de Moret*, série H. Correspondance des maires.
2. *Archives municipales de Moret*, série H. Correspondance des maires.

Comme il résulte de ce qui précède, les troupes en station à Fontainebleau, à Moret et dans les villages voisins constituaient l'avant-garde de la grande armée autrichienne. D'autre part, il ne faut pas oublier que le département était réservé aux Bavarois ; or, d'après les ordres de Schwarzenberg, l'armée autrichienne, forte de 120000 hommes, devait marcher de l'Est sur la Loire en passant par Fontainebleau et les environs.

Le mardi 18 juillet, jour où cette décision fut annoncée, la Commission d'arrondissement s'empressa de faire exposer au prince de Schwarzenberg l'impossibilité absolue dans laquelle se trouvait le pays de fournir des subsistances à un nombre aussi considérable d'hommes. « Nous ne pouvons créer » des choses qui n'existent pas », disait l'administrateur Chenuel[1], et le président Hutteau d'ajouter : « Peut-être demain irons-nous, à la lueur de Fon- » tainebleau, coucher dans les bois[2]. »

Cependant le général autrichien Prochaska, déjà à Sens, somma Fontainebleau de livrer à Moret, du 16 au 20 juillet, 59120 rations de pain et vin, autant de viande, 31468 rations de fourrage et 51530 rations d'avoine.

Le délégué Lequatre, toujours à Paris, fit parvenir une requête au roi :

Sire,

Suivant l'avis que je reçois à l'instant des administrateurs de l'arrondissement de Fontainebleau, qui m'ont délégué à

---

1. *Archives municipales de Fontainebleau.*
2. *Archives du Ministère des Affaires étrangères.* Invasion de 1815.

Paris, je mets sous les yeux de Votre Majesté la position affreuse de cette malheureuse ville (suit le détail de la réquisition du général Prochaska).

Fontainebleau n'a pas ce qui lui est demandé ; il ne possède que 50 vaches, 12000 rations de pain, 6000 rations de foin et point d'avoine ; il lui reste 40 pièces de vin.

Les Prussiens ont emmené les chevaux, les charrettes, il ne reste aucun moyen de transport pour la réquisition.

Daignez, Sire, envoyer à Moret les vivres que le général demande et lui faire expédier l'ordre d'arrêter sa marche.

Fontainebleau court les plus grands dangers ; que va-t-elle devenir au milieu d'une armée étrangère livrée aux besoins? Nécessairement le plus affreux désordre doit être la suite de cette disette.

Les campagnes sont anéanties, ruinées, dévastées. Les chevaux, les troupeaux, les soldats dévorent les moissons ou les détruisent.

Le président de la commission nommée pour remplacer le sous-préfet, qui s'est enfui, ose supplier Votre Majesté de donner un successeur à ce sous-préfet; peut-être ce magistrat pourra-t-il arrêter ce torrent qui menace votre fidèle ville de Fontainebleau et son arrondissement...

Tel est, Sire, l'exposé que je suis chargé de mettre sous les yeux de Votre Majesté ; il m'en coûte d'affliger son cœur sensible et il ne me reste d'espoir, pour mes malheureux compatriotes, que dans sa bienveillance paternelle.

Agréez, sire, l'expression du profond respect avec lequel j'ai l'honneur d'être,

de Votre Majesté,

le très humble, très obéissant serviteur et fidèle sujet.

LEQUATRE,
Député de la ville de Fontainebleau [1].

Le président Hutteau, de son côté, intercéda tant et si bien auprès du prince de Schwarzenberg et de

---

1. *Archives du Ministère des Affaires étrangères.* Invasion de 1815.

son état-major, qu'il gagna sa cause. L'armée autrichienne passa par le département de la Nièvre[1]. Les commissaires s'attirèrent ainsi un nouveau titre à la reconnaissance de leurs administrés. Le quartier-général autrichien resta cependant à Fontainebleau, pour être plus près de Paris.

En conséquence, le lendemain mercredi 19, pour rallier leur corps principal, les Autrichiens partaient de Moret emmenant avec eux non seulement six pièces de vin, mais encore une grosse voiture à deux chevaux. La voiture était neuve, ils la gardèrent.

Ils ne montrèrent pas partout cette modération relative. A Dormelles, au moment de leur départ, ils rassemblèrent les voitures du pays et les chargèrent des objets qu'ils rencontrèrent à leur portée dans les maisons. La commune fut entièrement réduite, bon nombre d'habitants l'abandonnèrent. [2]

Dans la nuit du 19 juillet, les Morétains purent encore une fois se croire exempts d'inquiétudes et dormir en paix. S'ils en profitèrent ils firent bien, car le jeudi 20, au matin, ils voyaient défiler sous leurs fenêtres, musique en tête, 858 Bavarois et 350 chevaux destinés à former la nouvelle garnison de la ville. Ce détachement comptait : un commissaire des guerres et son adjoint, trois médecins, trois chirurgiens, un bataillon de chasseurs du cercle

---

1. *Archives départementales,* 3 R 53, et *Archives municipales de Fontainebleau.*

2. *Archives municipales de Moret,* série II. Lettre du maire de Dormelles.

de Bezat commandé par le baron de Falkenhausen, un maître de musique et seize musiciens, du train d'artillerie, des pontonniers, des gendarmes, plus un certain nombre de voituriers requis pour la conduite des équipages.

Le major de Schivinding, commandant de place, fit immédiatement apposer des affiches indiquant le taux des rations de vivres pour les officiers et les hommes et de fourrage pour les chevaux.

Ces prescriptions semblaient avoir pour but de délimiter les droits et les devoirs de chacun, habitants et garnisaires, mais, sitôt dans leurs logements, les soldats du train, ivres pour la plupart, se mirent à boire encore et percèrent par plaisir des tonneaux pleins, chez les vignerons. Le vin ainsi coulé et gaspillé occasionna une perte de 2160 francs, soit 27 pièces à 80 francs.

Les Bavarois ne s'arrêtèrent point en si beau chemin : les cavaliers s'introduisirent dans les granges, dans les greniers, et volèrent 8500 bottes de foin, d'où une nouvelle perte de 2550 francs [1].

Pendant ce temps d'autres soldats de la même nation prenaient leurs cantonnements dans certaines communes du canton : trois compagnies ou 400 hommes et 50 chevaux à Thomery, 140 hommes à Veneux-Nadon, une compagnie à Saint-Mammès, 300 hommes et 400 chevaux à Montigny, le général baron von Zoller, commandant la 4e division bavaroise, à Ville-Saint-Jacques avec un détachement [2].

---

1. *Archives municipales de Moret,* série H.
2. *Archives municipales des communes du canton de Moret.*

Naturellement ces communes ne pouvaient approvisionner le magasin de Moret. Au reste, les soldats alliés allaient eux-mêmes faire des tournées dans les villages[1].

Ce fut le 20 juillet que la Commission d'arrondissement tint sa dernière séance; elle termina ses travaux par une pompeuse adresse au roi. Le comte Digoine, l'ancien sous-préfet de la première Restauration qui avait accompagné Louis XVIII à Gand, reprit son poste à Fontainebleau[2].

Le 21, malgré la rareté des denrées, la cavalerie bavaroise logée à Moret pénétra de vive force chez les aubergistes, chez les cultivateurs, et les rançonna de 3000 bottes de foin. Nous aurons encore plus d'une fois l'occasion de nous apercevoir que les Bavarois ne se piquaient point d'un respect exagéré pour la discipline. Le lendemain 22, le maire remit 90 francs aux soldats du train d'artillerie pour les empêcher de recommencer[3].

Les enlèvements à main armée, les réquisitions souvent renouvelées rendaient la position extrêmement critique. Le maire ne savait plus quels moyens employer pour suffire à l'alimentation des 2500 hommes et 1400 chevaux répartis dans le canton, non compris les troupes autrichiennes qui passaient journellement à Moret pour aller de Fontainebleau à

1. *Archives départementales*, 3 R 60.
2. *Archives nationales*, F[lc] III (9).
3. *Archives municipales de Moret*, série H.

Sens ou réciproquement. Le 23, dans l'impossibilité de s'absenter lui-même, il dépêcha au sous-préfet des commissaires chargés de lui faire connaître ses perplexités.

Le sous-préfet ne put qu'exprimer « ses justes » regrets sur la situation non seulement de Moret, » mais de la ville de Fontainebleau, laquelle, par » l'arrivée du quartier général autrichien, se voyait » livrée aux horreurs de la famine sans pouvoir y » remédier ». Il conseilla cependant à la municipalité d'envoyer deux députations, l'une au prince de Wrède, général en chef des Bavarois à Montargis, pour le prier de supprimer le cantonnement de Moret, l'autre au commandant autrichien à Sens pour le prévenir que l'extrême pénurie de la ville ne permettait pas d'en faire un gîte d'étape[1].

Toutefois ce moyen ne pouvait apporter une solution immédiate; or, les prétentions des Bavarois devenaient exorbitantes; leur nombre augmentait sans cesse; on en compta bientôt 3660 dans le canton[2].

Le 24 juillet, un couplage de deux bateaux d'orge et d'avoine, chargés à Nogent pour l'approvisionnement de Paris, passait sur la Seine à hauteur de Saint-Mammès; les officiers bavarois du train d'artillerie stationné dans ce village crièrent aux mariniers de s'arrêter. Ceux-ci faisant la sourde oreille, on leur parla à coups de fusil. Ils se garèrent.

Des hâleurs pris parmi les habitants de Saint-

---

1. *Archives municipales de Moret*. Registre des délibérations.
2. *Archives départementales*, 3 R 53.

Mammès et de Moret remontèrent le couplage sur
le Loing, jusqu'au port de la Pierre-Morin[1]. Les
marchandises furent déchargées sous la surveillance
du commandant de place, mises dans des voitures et
déposées dans un magasin particulier dont le commissaire des guerres garda la clef, c'est dire qu'elles
ne servirent en rien à la nourriture des chevaux de
l'armée et n'apportèrent aucun soulagement aux dis-
tributions journalières. Néanmoins, pour dissimuler
la nature de leur rapt, les alliés voulurent faire
signer un bon au maire de Moret. Sur son refus, il
fut injurié, et, chose plus grave, frappé; M. Durand
ne céda cependant que devant la menace d'exécution
pour la ville et ne signa qu'en vertu « d'un ordre
impératif[2] ».

Les violences commises sur la personne du maire
produisirent dans Moret une vive impression. Le
soir même, à six heures, le conseil municipal se
réunit et se déclara en permanence. MM. Bonnissant, notaire, et Thiveau, huissier, furent chargés
d'aller trouver le préfet « pour lui représenter l'état
» malheureux et effrayant des habitants de Moret et
» de son canton, et le supplier de faire tous ses ef-
» forts pour venir à leur secours par tous les moyens
» possibles[3] ».

A la suite des voies de fait dont il avait été victime,

---

1. Le port de Moret était alors en cet endroit.

2. Ces grains appartenaient à M. Lefebvre-Margueron, négociant à Nogent-sur-Seine. L'année suivante, en 1816, s'appuyant sur le bon signé par
le maire, il réclama à la ville une somme de 2625 francs, valeur de ses
marchandises. La ville résista, la somme fut payée par l'État. (*Archives
municipales de Moret*. Registre des délibérations.)

3. *Archives municipales de Moret*. Registre des délibérations.

M. Durand crut son autorité trop ébranlée vis-à-vis des étrangers pour conserver les fonctions de maire et envoya sa démission. Ce scrupule, pour honorable qu'il fut, laissait la ville et l'administration dans l'embarras; il consentit d'ailleurs à demeurer en charge jusqu'à la nomination de son successeur.

Dans la même journée, à Montigny, d'autres bavarois firent main basse sur tous les bestiaux. Ils parcoururent ensuite les cantonnements voisins, requérant des chevaux pour les revendre à vil prix[1].

Le lendemain en effet, ils mettaient aux enchères, sur la place de Moret, 150 chevaux enlevés de force aux cultivateurs du département; les meilleurs furent cédés à 10 francs, les moins bons à 5 francs. Un autre abus consistait à se rendre dans une commune, à faire une demande exagérée de denrées en donnant à entendre qu'on pouvait se rédimer avec de l'argent. La somme comptée, la troupe s'en allait ailleurs recommencer la même opération. Nous lisons dans un rapport du préfet relatant ces excès : « On ne peut se faire une idée du brigandage » exercé par les troupes de l'armée bavaroise. On » pourrait souffrir avec résignation ce qui serait » commandé par les besoins du soldat, mais l'imagination se révolte des vexations de toute espèce » que ces allemands commettent[2]. »

Les alliés, disons-nous, se montraient de plus en plus exigeants; le même jour, 25 juillet, le commis-

---

1. *Archives du Ministère des Affaires étrangères.* Invasion de 1815.
2. *Archives du Ministère des Affaires étrangères.* Invasion de 1815.

saire des guerres frappa sur Moret une forte réquisition de blé. M. Durand s'adressa encore une fois au sous-préfet pour tâcher de la faire supporter par l'arrondissement ou le département « ou de prendre toutes » autres mesures convenables pour que sa malheu- » reuse commune ne soit pas réduite au désespoir ».

Il fit également appel aux notables de la ville qui se réunirent à la mairie à neuf heures du soir. D'un avis unanime ils estimèrent que, sans opposer un refus préalable, il convenait de députer plusieurs des leurs au commandant de place, afin d'obtenir de lui au moins le temps de prévenir les autres communes du canton. Le maire, MM. Bonnissant, Thiveau et Picard Mathurin remplirent ce mandat.

Ils choisirent ensuite une commission pour suppléer le maire; elle comprenait huit membres qui devaient se relever alternativement, de façon à se trouver toujours quatre auprès de M. Durand; elle se composait de MM. Bonnissant, Thiveau, le curé de la ville, Vieux, Picard Jacques, Simien, Clément, Follye Étienne.

Le 26, conformément à la délibération prise deux jours auparavant, MM. Bonnissant et Thiveau se rendirent à Melun, chez le préfet; ils en revinrent le même jour..... avec de bonnes paroles. Le conseil municipal décida d'aller plus loin et arrêta, selon le sentiment du sous-préfet, que M. Bonnissant et le percepteur M. Levrain iraient sur le champ à Montargis et adjureraient le maréchal de Wrède de retirer la garnison de Moret[1].

---

1. *Archives municipales de Moret*. Registre des délibérations.

On avait recours aux autorités les plus élevées; on cherchait les moyens de sauvegarder les intérêts de tous, mais la situation devenait de plus en plus intenable.

Il ne faudrait pas croire que le préfet se contentait de « donner de bonnes paroles ». Il agissait aussi.

Au ministre de la police, il résumait en ces termes la situation : « Le département de Seine-et-Marne
» doit à la proximité de la capitale et aux trois
» routes qui le traversent de servir à la fois de can-
» tonnement à des corps d'armée et de passage à de
» nombreuses colonnes, aussi plus de 300000 hom-
» mes l'ont-ils déjà traversé dans différentes direc-
» tions, tandis que les armées prussiennes, bava-
» roises et russes l'ont successivement occupé.....
» Les arrondissements de Meaux, Provins et Fon-
» tainebleau sont épuisés, celui-ci surtout, le plus
» pauvre de tous..... » Ce rapport avait d'ailleurs un but politique, il était destiné à inspirer au ministre la crainte « que le fardeau excessif imposé aux habi-
» tants et la prolongation des maux de la guerre n'af-
» faiblissent la confiance du peuple envers le roi. »

A la commission française il écrivait : « Des cinq
» arrondissements du département, celui de Fontai-
» nebleau est le moins productif. Le territoire y est
» ingrat..... néanmoins c'est celui où il est passé le
» plus de troupes..... Je vous prie, Messieurs, d'em-
» ployer tout ce que vous avez d'influence pour ob-
» tenir de la bonté paternelle du roi et de la justice
» des puissances que les troupes qui accablent le
» département reçoivent enfin une autre destina-
» tion. »

A la commission étrangère il faisait ressortir
l'abandon de l'agriculture et le désespoir des habitants « qui choisissaient pour victimes les soldats
» isolés[1] ».

Sur ces entrefaites, le major Falkenhausen, du
bataillon de chasseurs, réclama à la municipalité de
Moret 52 aunes de drap jaune et de drap vert[2]. Les
marchands ne possédant point ces marchandises, il
imposa à la ville, jusqu'à ce qu'on fût en mesure de les
lui fournir, une exécution d'un bas-officier et de 19 soldats, c'est-à-dire qu'on dut payer, par jour, 6 francs
au bas-officier et 3 francs à chaque soldat. Le drap
fut acheté le lendemain même à Fontainebleau, pour
la somme de 912 francs; le commandant de place
toucha, de son côté, 126 francs d'exécution.

Le tailleur Heiglein, du même bataillon, déserta
emportant avec lui onze aunes de drap. On parvint
à le retrouver vingt-quatre heures après dans une
maison de Moret. Suivant les réglements bavarois,
la ville était responsable. Mais le commandant de
place se montra bon prince; voici en effet ce que
nous lisons dans son rapport : « Comme Heiglein
» est un mauvais sujet et que la commune contribua
» beaucoup à sa recherche..... par égard aux besoins
» et aux charges de cette ville..... j'ai arrangé cela
» de la manière suivante : 1° la commune restituera
» le drap; 2° la commune recevra aujourd'hui, outre
» les compagnies qui y séjournent, deux compagnies
» d'exécution; 3° la commune fera faire pour les

1. *Archives du Ministère des Affaires étrangères.* Invasion de 1815.
2. *Archives départementales,* 3 R 58.

» trompettes six colbacks[1]. » Qui songerait à mé-
dire après cela de la générosité bavaroise ? Au surplus, l'affaire eut une suite dont nous parlerons plus
loin.

Dans de telles circonstances, la municipalité de
Moret ne pouvait rester sans chef effectif ; le 27 juillet, M. Clément voulut bien reprendre les fonctions
de maire.

La ville manquait à peu près de tout. Des commissaires spéciaux et les conseillers municipaux eux-
mêmes reçurent la mission de faire une sorte de recensement dans les communes et d'en rapporter des
grains ; les réponses qu'ils obtinrent sont tristement
significatives.

M. Lhonoré, maire de Veneux-Nadon, après avoir
rendu les commissaires témoins « de la vuidance des
» greniers », observa que ses concitoyens garderaient
leurs subsistances « pour vivre eux et leurs soldats ».
A la vérité, la commune de Veneux-Nadon, abandonnée à ses propres moyens, subvenait non seulement à la nourriture des Bavarois, mais encore à
leur habillement et à leur équipement[2].

M. Andry, maire de Thomery, répondit qu'il ne
pouvait rien distraire de ses approvisionnements ; on
lui avait envoyé 155 hommes en supplément des 300
qu'il logeait déjà.

A Champagne, au moment où les commissaires se
présentèrent, le maire, M. Noël, préparait des bil-

---

1. *Archives municipales de Moret*, série H.
2. *Archives municipales de Veneux-Nadon.*

lets de logement pour 158 hommes : « Nous n'avons
» qu'un peu de seigle, ajouta-t-il, si vous nous l'en-
» levez comment nourrir les alliés? Autant nous
» livrer pieds et mains liés, car nous n'aurons que
» la fuite ou la mort pour partage. Faites attention
» à notre malheureuse position, sans cela nous som-
» mes perdus. »

A Saint-Mammès, pays de mariniers plutôt que
de cultivateurs, impossible de trouver du froment ou
de la farine. Le maire, M. Chahuet, offrit du seigle
en remplacement.

A La Celle, le délégué Coustau fit lui-même une
perquisition; il revint à Moret avec quatre quintaux
de farine de seigle et quatre quintaux de froment.

Il fut demandé à la commune de Vernou douze
sacs de blé et huit vaches; on y attendait de la troupe
le soir même. Le maire, M. Fournier, s'engagea
néanmoins à faire face le lendemain à la réquisition.
Il tint en effet parole, mais pendant le trajet cinq
vaches furent prises par des soldats d'artillerie et
conduites à Écuelles[1].

A Épisy, les commissaires Favé et Mancel récla-
mèrent trois sacs de farine et visitèrent les maisons.
Ils ne virent pas « une seule gerbe dans les granges »;
le blé n'était pas encore rentré. « Le peu que l'on
» rentre, répondait le maire Genty, sert à faire la
» litière aux chevaux. » Un détachement bavarois
occupait la commune[2].

M. Favé se transporta à Montigny, espérant en

---

1. *Archives municipales de Moret*, série H., et *Archives des communes*.
2. *Archives départementales*, 3 R 60.

rapporter au moins cinq sacs de farine. Depuis quelques jours on alimentait la garnison, hommes et chevaux, avec du seigle que l'on battait au fur et à mesure des besoins. Bon nombre d'habitants avaient fui ; ceux qui demeuraient, constamment retenus auprès des soldats étrangers, n'allaient pas aux champs et ne pouvaient faire la récolte. « Si l'on devient plus » tranquille, disait le maire M. Drugeon, je m'effor- » cerai de vous en procurer deux sacs. » Le magasin de la commune en contenait une certaine quantité, mais l'officier commandant le cantonnement venait de le séquestrer. La veille, il avait saisi la farine que possédait le meunier.

MM. Favé et Mancel revinrent par Écuelles ; après une inspection minutieuse des greniers, ils ramenèrent à Moret deux sacs de grains.

Le maire de Villecerf, M. Leuillot, promit de faire battre du blé et de l'expédier sous peu. Il se plaignait de ses administrés dont certains avaient démonté leurs voitures pour ne faire aucun service : « Je suis malheureux on ne peut plus, disait-il. Les » habitants de ma commune ne veulent point me » porter secours et me laissent à porter le fardeau. » L'un d'entre eux, un conseiller municipal pourtant, s'était sauvé et ne paraissait chez lui que la nuit[1].

Les délégués Wertmuller et Piffault Thomas se rendirent à Villemer pour y requérir quatre sacs de farine. Chez les particuliers ils découvrirent un peu de seigle mais point de farine. Le village de Villemer était journellement sillonné par les troupes circulant

1. *Archives municipales de Moret*, série H., et *Archives des communes*.

entre Nemours et Montereau. Le maire, M. Barrault,
voulait démissionner; il écrivit à son collègue de
Moret : « Je suis malade, je ne puis remplir mes
» fonctions. Les deux adjoints, l'ancien et le nou-
» veau, ne veulent pas me secourir. Je ne peux plus
» parvenir à faire des réquisitions. »

Les commissaires Dagron et Quinault allèrent à
Ville-Saint-Jacques et exigèrent dix sacs de farine.
Impossible de les obtenir; la commune avait
400 hommes à entretenir. Le maire, M. Croizé, proposa vingt sacs de blé, pourvu qu'on les fasse prendre, car le général bavarois qui y résidait avait fait
mettre sous clef les chevaux et les voitures afin de
pouvoir s'en servir à son gré[1].

Cette insistance pour avoir quand même de la
farine provenait d'un ordre reçu de Montargis de
fabriquer à Moret 22500 livres de biscuit. Le 28 juillet,
les boulangers bavarois s'emparèrent des fours et
travaillèrent pendant plusieurs jours à la confection
du pain biscuité; leur salaire fut du reste payé par
la ville.

Les démarches des commissaires eurent au moins
ce résultat de rendre plus frappant le dénûment du
canton de Moret. Dans les derniers jours de juillet,
les Bavarois imaginèrent un moyen d'y remédier : ils
s'armèrent de faulx et firent la moisson. A Moret,
toute la prairie fut fauchée ainsi que le blé et l'avoine,
de même à Thomery, Veneux-Nadon, Champagne
et sans doute aussi dans les communes voisines; or,
les avoines n'avaient pas encore atteint leur matu-

---

1. *Archives municipales de Moret*, série H., et *Archives des communes*.

rité. Ils se livrèrent en outre à des visites domiciliaires et imposèrent partout des exécutions militaires en argent. A Vernou, dans la nuit du 29, ils incendièrent une grange évaluée 4500 francs. Le lendemain matin, le maire écrivait à M. Clément : « J'attends de vous tous les égards qu'un honnête » homme doit avoir dans les moments de malheur. » Nous attendons des troupes russes ce soir ou de-» main. Je ne sais comment nous ferons[1]. »

Le préfet ordonna que, dans chaque commune, trois conseillers se tiendraient constamment à la mairie. A Moret, ainsi que nous l'avons dit, on avait pris la précaution de partager la besogne. Par suite de décès, de maladie ou de changement de résidence, la municipalité ne comptait plus que sept membres, aussi bien, dans sa séance du 30 juillet, le Conseil arrêta que, jusqu'à la fin de l'occupation, deux conseillers au lieu de trois resteraient à l'hôtel de ville. Les tours furent ainsi répartis : premier, Simien et Wertmuller ; deuxième, Favé et Follye ; troisième, Chabault et Maufrais[2].

Dans les premiers jours d'août, le train d'artillerie et les chasseurs bavarois commirent des dégâts considérables à Dormelles, Villemer et Ville-Saint-Jacques[3].

Le 2, un bateau de fourrage allant à Paris fut en-

1. *Archives départementales*, 3 R 60. — *Archives municipales de Moret*, série H., et *Archives des communes du canton*.

2. *Archives municipales de Moret*. Registre des délibérations.

3. *Archives départementales*, 3 R 53.

core arrêté à Saint-Mammès. Les Bavarois forcèrent le maire à signer un récépissé[1].

Le 7, les alliés firent accoster au port de Thomery deux autres couplages chargés de foin, venant de Bray et ayant pour destination le magasin de l'armée russe à Melun. Ils déchargèrent le fourrage et l'emmenèrent à Fontainebleau[2]. Même fait se reproduisit à Valvins[3]. De tels procédés compromettaient gravement le service des subsistances; ils prouvent en tous cas la difficulté avec laquelle on se procurait sur place des denrées.

La commission française informée par le sous-préfet en fit part à la commission étrangère. La conclusion de cette dernière mérite d'être rapportée : « Les bateaux ont été arrêtés par ordre du général » autrichien ; il n'échappera pas à Messieurs les » commissaires une observation qui résulte de la » plainte même du sous-préfet; par la déclaration » qu'il venait de faire de son impossibilité de rien » fournir par voie de réquisition, ladite mesure se » trouverait par cela seul justifiée. » Avec de semblables subtilités, on peut tout excuser, même le vol. Permettre à des troupes isolées d'enlever ainsi des denrées, c'est autoriser le pillage et exciter la cupidité du soldat. Au surplus, le mot vol n'est pas exagéré, car les Autrichiens revendirent en partie ces marchandises[4].

---

1. *Archives du Ministère des Affaires étrangères.* Invasion de 1815.
2. *Archives départementales,* 3 R 53, et *Archives municipales de Moret,* série II.
3. *Archives du Ministère des Affaires étrangères.* Invasion de 1815.
4. *Archives du Ministère des Affaires étrangères.* Invasion de 1815.

C'est à coup sûr en vertu des mêmes principes qu'en cette journée du 7 août, les Bavarois en station à Moret se saisirent de voitures chargées de vin, de passage dans la ville ; ce vin avait été acheté du côté de Sens, par la municipalité de Fontainebleau.

Dirons-nous que les alliés dévalisèrent les entrepôts de tabacs ? Ajouterons-nous que leurs commissaires des guerres et ordonnateurs visitèrent les caisses des percepteurs et receveurs d'enregistrement, où d'ailleurs ils ne trouvèrent que des sommes insignifiantes [1] ?

Se voyant débordé, M. Clément avertit le sous-préfet que Moret ne pouvait plus nourrir sa garnison, que les esprits étaient excités, que la crise touchait à ses dernières limites. Le maire disait tellement vrai que, quelques jours auparavant, le 2 août, deux Bavarois avaient été mortellement blessés d'un coup de feu, sur la route de Moret à Fontainebleau [2].

Le comte Digoine lui répondit : « De tous côtés
» mêmes plaintes m'arrivent et me désespèrent. De
» la patience ; surtout observez aux chefs l'impossi-
» bilité de fournir ce qu'ils demandent, promettez
» de faire tout ce qui dépendra de vous, reculez tant
» que vous pourrez, c'est beaucoup de gagner du
» temps. Enfin croyez que je ne négligerai rien pour
» soulager votre ville. On assure qu'une grande
» partie des troupes qui sont dans cet arrondisse-
» ment vont partir. Du courage [3]. »

---

1. *Archives du Ministère des Affaires étrangères*. Invasion de 1815.
2. *Archives du Ministère des Affaires étrangères*. Invasion de 1815.
3. *Archives municipales de Moret*. Registre des délibérations.

Accablé par les difficultés, le sous-préfet en référa au comte Germain, son chef : « Les malheureux ha-
» bitants fuient dans les bois et les rochers empor-
» tant avec eux les restes d'une nourriture grossière
» qu'ils n'oseraient offrir aux soldats des puissances
» alliées..... A compter d'aujourd'hui je ne prévois
» pas pouvoir fournir la subsistance pour plus de
» vingt-quatre heures. Les réquisitions ne me four-
» nissent plus rien..... De tous côtés il m'arrive des
» rapports sur les excès des Bavarois qui pillent,
» violent, brisent, frappent et tuent; c'est au point
» qu'on doit tout craindre du désespoir des habi-
» tants à qui il ne reste même pas l'avenir, puisque
» la récolte est perdue.

» Vous serez sûrement, Monsieur le comte, alarmé
» d'un tel état de choses et vous prendrez les me-
» sures les plus promptes pour le faire cesser.....
» mais toutes les démarches n'auront d'effet qu'au-
» tant que vous appuierez fortement la demande que
» nous faisons d'être débarrassés de ces Bavarois
» qui ne nous laisseront même pas les yeux pour
» pleurer[1]. »

La population de l'arrondissement comprenait 62000 habitants et le nombre des troupes qui y étaient cantonnées s'élevait à 30000 hommes, d'où une augmentation de moitié en plus[2].

La lettre précédente fut suivie d'une autre en termes non moins expressifs : « Puisque l'on s'ob-
» stine à nous laisser des troupes plus que nous ne

---

1. *Archives départementales*, 3 R 53.
2. *Archives du Ministère des Affaires étrangères*. Invasion de 1815.

» pouvons en nourrir, il faut bien que l'on s'attende
» aussi à tous les désordres, à tous les excès; ces
» désordres je ne peux les réprimer, car les alliés ne
» reconnaissent pas l'autorité dont je suis revêtu;
» tous mes efforts se réduisent donc à consoler, à
» encourager mes malheureux habitants, à leur in-
» spirer de la confiance, de l'espoir dans l'avenir,
» enfin à retarder le moment où, forcés par la famine,
» les mauvais traitements et le poids de leurs maux,
» ils n'écouteront plus que leur désespoir. Ce mo-
» ment n'est peut-être pas éloigné et j'en frémis, *il*
» *est un terme aux souffrances où la mort est un*
» *bienfait, mais que les alliés ne s'y méprennent*
» *pas, elle serait précédée de terribles vengeances*[1]. »

Le préfet, en transmettant les lettres de son sub-
ordonné, adressa lui-même des suppliques pressantes
à la commission du roi et aux puissances. Il montra
qu'il convenait de ménager le département de Seine-
et-Marne pour assurer l'approvisionnement de Paris,
que la région de Fontainebleau avait été particulièrement maltraitée, que les fonctionnaires eux-mêmes
prenaient la fuite et enfin que l'état d'esprit des habitants devenait tel qu'il fallait redouter de sanglantes
représailles[2].

Il alla d'ailleurs beaucoup plus loin et s'exposa lui-
même courageusement. Le 4 août, le sous-intendant
russe Engelbach, en résidence à Melun, avertit le
comte Germain qu'il lui imposait le logement de

---

1. *Archives du Ministère des Affaires étrangères.* Invasion de 1815.
2. *Archives départementales*, 3 R 53. — *Archives nationales*, F⁷ 3735 et
F⁷ 3782, bulletin de police du 9 août.

quatre soldats et d'un sous-officier, plus trois hommes chez chaque conseiller de préfecture et chez chaque fonctionnaire public; il motivait cette violence par le retard apporté dans le paiement d'une forte réquisition d'effets. Le préfet répondit par des observations très fermes, protesta qu'il n'exécuterait que les ordres de son gouvernement, réclama surtout contre l'extension de la mesure aux autres membres de la préfecture ou employés de l'État, et se déclara seul responsable. Il ajouta qu'il résisterait jusqu'au bout et qu'il mettait sa personne à la disposition des alliés.

Le sous-intendant plaça en effet des garnisaires chez le préfet et chez les conseillers de préfecture, il menaça même de prendre comme otages les principaux propriétaires du département et de les faire conduire à Mayence. Rien n'y fit; cinq soldats s'installèrent dans l'antichambre du comte Germain « bayonnette au fusil »; il les nourrit et les paya, mais il ne céda point[1].

A la suite de cette contenance énergique, les rapports et lettres du préfet furent enfin écoutés. Le 8 août on apprenait à Moret que les Bavarois allaient partir le lendemain. Ainsi que les règlements le veulent, le commandant de place demanda au maire un certificat de bien-vivre. Nous mettons sa requête sous les yeux du lecteur :

---

1. *Archives nationales*, F⁷ 3786, bulletin du 4 août; F⁷ 3148 et F⁷ 3735, bulletin du 7 août. — *Archives du Ministère des Affaires étrangères*. Invasion de 1815.

Monsieur le maire, je vous prie de me donner l'attestat pour ma place que j'ai eu l'honneur d'avoir chez vous en repressendant le commandant de votre ville; je suis persuadé que j'ai rempli mes devoirs, si aussi quelquefois il a fallu de prendre et de demander plus que la ville a pue fournir, c'était contre ma volonté, mais un besoin nécessaire pour la nourriture des troupes, mais avec sa je suis très content de la bonne volonté de votre ville et de votre part et vous témoigne ma vive reconnaissance pour vos bontés,

Monsieur le maire, votre très humble serviteur.

DE SCHIVINDING.

Moret, le 8 août 1815 [1].

Nous ne connaissons pas la réponse de M. Clément, mais comment résister à tant de bienveillance et si galamment exprimée?

Le mercredi 9 août au matin, les Bavarois affairés se préparaient au départ lorsque, au dernier moment, éclata une contestation.

On se souvient peut-être que, le 26 juillet, à la suite de la désertion du tailleur Heiglein, les autorités bavaroises avaient réclamé à la municipalité la restitution du drap emporté par Heiglein et six colbacks.

Avant de monter à cheval, sous prétexte que ces objets n'avaient pas été fournis à son bataillon, le major Falkenhausen exigea 10000 francs de la ville et menaça de la brûler si cette somme ne lui était pas apportée sur le champ. Devant l'impossibilité de trouver une telle somme en quelques instants, le maire et les principaux habitants sont arrêtés, pen-

---

1. *Archives municipales de Moret*, série H.

dant que les soldats se mettent en devoir de démolir la maison où Heiglein s'était réfugié. Cependant, à force de marchander, le major voulut bien se contenter de 397 francs, soit 181 francs pour le drap perdu et 216 francs pour les colbacks.

Demander 10000 francs au lieu de 397 francs, c'était donner la mesure de la bonne foi bavaroise. Très opportunément le maire sut obtenir du major le reçu suivant :

> J'attest a la ville de Moret qu'elle a rendu les doux ones de trapp que le déserteur Heiglein qui a été caché pendant vingt quatre heurs dans la maison d'un bourgois de la ville de Moret avait volé, et qu'elle a fournit par arrangement six kolbacks pour les Tronpets. Par cela la ville s'est aquidé de tous ce que le déserteur protéger par un bourgois avait volé.
>
> Moret, le 9ᵐᵉ août 1815.
>
> FALKENHAUSEN [1].

Enfin, les Bavarois quittèrent Moret non sans avoir touché une bonne ration de vin; cela s'appelle le coup de l'étrier.

Ils emportèrent dans leurs fourgons six pièces de vin, treize cents litres de bon vin, vingt-huit litres d'eau-de-vie, une forte quantité de farine amassée par eux dans leur magasin particulier et de l'avoine. Ils se firent suivre par un troupeau de bestiaux et se dirigèrent sur Auxerre [2].

Sitôt les étrangers sortis de la ville, le conseil municipal s'assembla et reconnut par une délibé-

---

1. *Archives du Ministère des Affaires étrangères.* Invasion de 1815.
2. *Archives municipales de Moret*, série H.

ration que le percepteur n'avait payé la somme de 397 francs qu'après un commencement d'exécution et « pour éviter de grands malheurs ». Bon nombre d'habitants signèrent avec les conseillers[1].

M. Clément prit ces précautions afin d'avoir des documents à l'aide desquels il put porter plainte au sous-préfet. Celui-ci lui répondit que les réclamations pleuvaient contre les Bavarois, qu'il s'employait à les réunir toutes pour les transmettre au préfet et au ministre de l'intérieur. « Cela produira ce que » cela pourra, disait-il, la seule consolation à vos » maux c'est d'être débarrassé d'eux[2]. »

Suprême consolation en vérité, car les Bavarois, qui parlaient avec enthousiasme de la gloire qu'ils avaient acquise à l'époque où ils faisaient partie des armées de Bonaparte[3], s'étaient distingués par leur penchant au désordre et à la dévastation. Ils ne s'étaient pas contentés d'accaparer des denrées en quantité triple et quadruple du nécessaire, d'arracher aux populations leur dernier morceau de pain, ils spéculèrent encore sur la misère en laquelle ils les avaient plongées et revendirent à des prix énormes le produit de leur pillage; les habitants les moins aisés, après avoir donné ce qu'ils possédaient, rachetèrent leur propre subsistance. Le 9 août, ils avaient en excédent plus de cent bœufs dans le parc

1. *Archives du Ministère des Affaires étrangères.* Invasion de 1815.

2. *Archives municipales de Moret*, série H.

3. *Archives nationales*, F⁷ 3735. Bulletin du 9 novembre. — Déjà à cette époque (1865), Napoléon se plaignait de la mauvaise qualité et de l'insubordination des troupes bavaroises.

du château de Fontainebleau et plus de cent cinquante pièces de vin dans leurs voitures[1].

Le départ des Bavarois de l'arrondissement n'em-
pêchait pas le grand quartier général autrichien de
rester à Fontainebleau; de là de nouvelles demandes
de vivres à Thomery, Champagne et Moret; dès
le 10, M. Clément fut requis d'y expédier « les fari-
» nes actuellement existantes dans les moulins de la
» commune[2] ».

De là aussi de nouvelles vexations. Sous la
simple raison qu'ils avaient « manifesté des opi-
» nions répréhensibles », le prince de Schwarzenberg fit emprisonner le colonel Prost, officier retraité
à Fontainebleau, le commandant Pierre, ancien chef
d'escadron, et la dame Baraton, cabaretière. Le zèle
intempestif montré par le général autrichien à l'insu
et sans la participation des autorités françaises constituait une véritable violation du droit le plus élé-
mentaire; aussi le préfet s'en plaignit-il comme il
devait.

En réponse au préfet, Schwarzenberg tenta de
traduire le colonel Prost devant une commission
militaire pour un fait de guerre antérieur au traité
de Paris du 30 mai : le colonel avait tué un officier
autrichien d'un coup de fusil tiré d'une fenêtre au
commencement de 1814. Le traité de paix couvrant
tous les actes d'hostilité réciproques, le colonel
n'avait pas à être recherché. Il fut réclamé par le

---

1. *Archives nationales*, F⁷ 3735 et F⁷ 3786. — *Archives du ministère
des Affaires étrangères*. Invasion de 1815.
2. *Archives municipales de Moret*, série II.

gouvernement français. En somme, Schwarzenberg faisait des prisonniers pendant la paix comme pendant la guerre [1].

Si le pays de Moret n'avait plus de garnison, il n'en allait pas de même, non seulement de Fontainebleau, mais encore des régions et départements circonvoisins, en sorte que les relations de service entre les différents corps ennemis nécessitaient de fréquents passages dans notre canton.

Tous les jours, à partir du 15 août, deux ou trois fourgons bavarois allant et venant de Paris à Auxerre traversèrent Moret et y séjournèrent la nuit.

Les grosses charges de la ville se trouvant maintenant réduites, M. Clément, qui n'avait accepté les fonctions de maire que pour un temps et par nécessité, résigna ses fonctions. Quelques jours après, le 18 août, le préfet nomma, pour lui succéder, M. François-Marc Bonnissant, notaire [2]. Au reste ce changement de maire coïncidait avec les élections générales des conseils municipaux, fixées à ce moment, bien que l'occupation étrangère couvrit le territoire.

Les élections échauffèrent les têtes; aussi le préfet signalait-il un certain nombre de citoyens arrêtés en Seine-et-Marne pour avoir crié : Vive l'Empereur! Vive Napoléon II! A ce propos il envoya au ministre un rapport circonstancié dans lequel on lisait : « Ils » seront traduits dans trois mois devant la cour

---

1. *Archives nationales,* F⁷ 3148; F⁷ 3733. Bulletins des 8 et 13 août.
2. *Archives municipales de Moret,* série H.

» d'assises. En ce moment où de prompts exemples
» seraient d'un excellent effet, le préfet regrette que
» ces détenus ne puissent être punis correctionnel-
» lement. Ce vice de la législation a été vivement
» représenté à diverses époques[1] ». Ces lamenta-
tions ne sont-elles pas celles de tous les partis quand
ils détiennent le pouvoir?

Nous avons vu que le service de la correspondance ennemie se faisait par Moret. Parfois, avec les
fourgons, marchait une petite troupe. Le 21 août,
par exemple, les habitants eurent à nourrir une am-
bulance bavaroise comprenant 85 hommes et 29 chevaux. Le 27 du même mois, il fallut loger un détachement d'Anglais faits prisonniers à Waterloo et
rendus à leur patrie[2].

Le 7 septembre, la ville faillit avoir à supporter
un passage important. Grâce à la diligence du maire
et à l'intervention du sous-préfet, la troupe ne s'arrêta point à Moret. Le comte Digoine en apprenant
cette nouvelle à M. Bonnissant finissait ainsi sa
lettre : « Aussi vous voudrez bien obtempérer aux
» réquisitions que je vous ai faites. Puisque je vous
» évite ce logement vous me mettrez deux pièces de
» vin en plus[3] ».

Napoléon a écrit quelque part : « La liberté poli-
» tique est une fable convenue, imaginée par les

---

1. *Archives nationales*, F 7 3786. Bulletin du 31 août.
2. *Archives municipales de Moret*, série H.
3. *Archives municipales de Moret*, série H.

» hommes qui gouvernent pour endormir les gou-
» vernés. » A coup sûr Louis XVIII partageait cet
avis, car jamais maxime ne fut plus souvent mise en
pratique que sous son règne.

Le dimanche 10 septembre les habitants de Moret
purent croire que, à l'occasion de la fête patronale,
il n'y avait aucun danger à se réunir et à causer librement. Quelques jours après, cinq d'entre eux, les
nommés Cornet, Tanneur, Hamelin et les frères
Codan furent appréhendés et mis à la disposition du
procureur du roi, comme prévenus de propos séditieux. Ce délit devenait de plus en plus fréquent
dans la région, aussi le directeur de la police exigea-
t-il des rapports presque journaliers sur la situation
de l'arrondissement de Fontainebleau [1].

Selon le comte Germain, la gendarmerie, mal
composée, ne sévissait pas contre « les hommes dan-
gereux dont l'impunité augmentait l'audace ». Tous
passaient devant les tribunaux, mais l'indulgence
des magistrats enhardissait les malveillants. Il citait
comme exemple une revendeuse de Fontainebleau
accusée d'avoir crié : Vive l'Empereur! le jour de
la fête du roi, et condamnée seulement à six jours
de prison [2]! Il semble pourtant qu'une aussi forte
peine pour un tel fait contredit la thèse du préfet.

A Melun, c'était autre chose. Les Russes en quit-
tant le département, le 8 septembre, avaient laissé
dans cette ville les dépôts des corps polonais présen-

---

1. *Archives nationales*, F⁷ 3148. Rapports de police du 14 au 21 septembre.
2. *Archives nationales*, F⁷ 3735. Rapport du 22 septembre.

14

tant un effectif de cinq à six cents hommes. Ces
Polonais, qui sortaient du service de Napoléon, se
refusaient à partir avant d'avoir touché ce qui leur
était dû par la France. En attendant, ils se livraient
à tous les excès, injuriaient les royalistes et les mal-
menaient. A Boissette, ils promenèrent une aigle aux
cris de : Vive l'Empereur! Leurs chefs fermaient
les yeux. Le Ministre de la guerre dut user de son
autorité pour faire cesser le désordre[1]. Il y parvint
en obtenant de l'empereur Alexandre qu'ils fussent
placés sous le commandement d'officiers russes
« fermes et dévoués[2] ».

Ce fut le 29 septembre que se termina le service
journalier entre Paris et Auxerre par Moret; cela
indiquait l'éloignement prochain des alliés.

Ils commencèrent en effet à reprendre le chemin
de leur pays dans la seconde quinzaine d'octobre[3].
Les 24, 25, 26 et 27 de ce mois, une colonne bavaroise de 12000 hommes et 2000 chevaux eut à traverser l'arrondissement de Fontainebleau. Cette
troupe marcha par échelons et par des voies différentes[4]. Le 23, le sous-préfet écrivit à M. Bonnissant pour lui annoncer qu'il aurait à loger un bataillon
le lendemain, confia sa lettre à un nommé Dorderon,
de Montereau, et lui recommanda de la déposer en
passant à la mairie de Moret. Dorderon oublia la

---

1. *Archives nationales*, F⁷ 3148; F⁷ 3786. Rapports du 8 au 19 septembre.

2. *Archives du ministère des affaires étrangères*. Invasion de 1815.

3. Après le traité de paix définitif qui avait été signé le 2 octobre.

4 *Archives départementales*, 3 R 53.

lettre « au fond d'une bouteille », en sorte que le
24 octobre, lorsque le 1ᵉʳ bataillon du 6ᵉ régiment
bavarois arriva à Moret, on fut obligé d'aller chercher des vivres à Fontainebleau à grand renfort de
voitures et de laisser 300 hommes à Veneux-Nadon[1].
Mais qu'était-ce que cela à côté de la joie de voir
déguerpir les derniers Bavarois?

Les étrangers partis, les comptes restaient à régler. Besogne ingrate, faisant revivre les mauvais
jours, mais nécessaire pour mettre en évidence les
calamités de l'invasion et les remèdes à y apporter.

A Moret, la dépense brute causée par l'occupation
s'éleva à 49364 francs, non compris les objets pillés
ou volés dont la valeur doublait la somme.

Dès le 6 octobre, le préfet publiait une circulaire
relative au mode de remboursement des avances
effectuées pour la subsistance des alliés, mais, dans
le but de préparer les esprits à d'utiles sacrifices, il
avait fait précéder cette circulaire d'une lettre par
laquelle il informait les municipalités que, sur tous
les points de la France, des dons volontaires venaient alléger les obligations de l'État.

Dans sa séance du 19 décembre 1815, le conseil
municipal de Moret entendit la lecture de ces pièces
et en délibéra : « Considérant que l'ensemble des
dépenses donnait une somme impossible à répartir
et à recouvrer; que les réquisitions n'avaient frappé
que des propriétaires aisés désireux de ne pas ap-

---

1. *Archives municipales de Moret*, série H., et *Archives de Veneux-
Nadon*.

pauvrir leurs concitoyens; que, pour établir la répartition, il faudrait porter au quintuple les contributions des habitants, la plupart vignerons sans
récolte depuis quatre ans; pour ces raisons, le
conseil déclara à l'unanimité qu'il faisait l'abandon
du montant des réquisitions, « afin de concourir aux
» traits d'un généreux dévouement par un acte du
» plus pur patriotisme..... et contribuer à réparer
» les maux d'un gouvernement paternel et chéri des
» Français ». Suivent des louanges en l'honneur
« du roi et des Bourbons ».

Cette libéralité paraîtra d'autant plus méritoire
qu'après les guerres de 1814 et 1815 les finances de
la ville se trouvaient en si mauvais état qu'on ne savait comment suffire aux besoins les plus urgents[1].
Nous n'omettrons pas non plus de dire qu'après la
bataille de Waterloo, à la simple annonce que des
blessés seraient dirigés sur Moret, les habitants ap-
provisionnèrent l'hospice de cinquante-cinq matelas,
cinquante-cinq couvertures et cent dix draps. Le bureau de bienfaisance fournit aussi des subsides[2].

A Veneux - Nadon la dépense totale fut de
16376 francs, pour une population de 778 âmes. A
l'exemple du chef-lieu de canton, la commune en fit
la cession gratuite au gouvernement[3].

A Thomery, la masse des réquisitions donna une
somme de 18652 francs partagée au marc le franc

---

1. Aussi le conseil fit-il preuve de bonne administration en instituant,
le 29 octobre 1815, un droit de location de places sur les foires et marchés
(Registre des délibérations).

2. *Archives municipales de Moret*, série H.

3. *Archives départementales*, 3 R 60, et *Archives de Veneux-Nadon*.

entre les 1008 habitants d'alors, à l'exception de ceux qui payaient moins de dix francs d'impôts[1].

Champagne fournit pour réquisitions et fournitures une somme de 8502 francs à distribuer entre 478 habitants, abstraction faite des dévastations dans les champs[2].

La commune de Saint-Mammès, non la moins forte puisqu'elle avait 538 habitants, mais la moins éprouvée du canton, n'est portée dans les documents que jusqu'à concurrence de 1187 francs, somme à laquelle il convient d'ajouter 1000 francs pour pillage. Le détachement bavarois qui y résida tirait ses vivres de Moret, sous prétexte que le village était peuplé de mariniers[3].

La Celle ne figure que pour 3000 francs, répartis entre 265 habitants[4].

A Vernou, la dépense atteignit 15691 francs pour une population de 669 âmes. Cette commune eut à souffrir de plusieurs exécutions et d'un incendie[5].

Épisy, petit village de 197 habitants, subit une perte de 8075 francs[6].

La commune de Montigny, occupée presque exclusivement par de la cavalerie, dépensa 28867 francs pour 704 habitants. La municipalité, alors présidée par le vicomte de La Roche-Poncié, en fit don à l'État[7].

---

1. *Archives municipales de Thomery.*
2. *Archives municipales de Champagne.*
3. *Archives départementales*, 3 R 60 et 3 R 113.
4. *Archives départementales*, 3 R 60.
5. *Archives départementales*, 3 R 60.
6. *Archives départementales*, 3 R 60.
7. *Archives municipales de Montigny*, et *Archives départementales*, 3 R 60.

A Écuelles, malgré le peu d'importance de la commune qui ne comprenait que 378 âmes, la perte monta à la somme énorme de 42317 francs; pour l'expliquer il suffit de rappeler que le village avait été à peu près ruiné, le 14 juillet, par le passage d'un corps d'armée autrichien. Le règlement donna lieu à de graves difficultés. Après les élections du mois d'août, le gouvernement remplaça M. Edme Bourgeois, l'ancien maire de l'empire, par le propriétaire de la Fontaine-du-Dy, M. Godine, dont nous ferons connaître les opinions en disant qu'il fut installé aux cris de : Vive le roi et toute la famille royale! Entré en fonctions, M. Godine, par sa lettre au sous-préfet du 7 octobre, accusa son prédécesseur de malversations : lors de la levée de la taxe prussienne du 12 juillet, Écuelles avait versé 1500 francs au percepteur; la contribution n'ayant pas été remise en entier à l'ennemi, la moitié, soit 750 francs, revint à la commune. M. Godine prétendit que M. Bourgeois avait gardé ces 750 francs. L'affaire traîna devant les tribunaux jusqu'en avril 1816. En fin de compte, l'ancien maire en sortit à son avantage; la plainte portée contre lui était fausse et calomnieuse[1].

La situation isolée du village de Montarlot, dont la population s'élevait seulement à 103 habitants, le garantit de l'occupation ennemie, mais il s'y fit de nombreuses réquisitions de vive force qui portèrent la perte à 10817 francs[2].

---

1. *Archives municipales d'Écuelles.* — *Archives départementales*, 3 R 53; 3 R 60 et 3 R 113. — *Archives nationales*, F[7] 3148.

2. *Archives départementales*, 3 R 60.

A Villecerf, le dommage fut estimé en tout à 34776 francs pour 336 habitants[1].

A Villemer, point de communication entre Montereau et Nemours, après les réquisitions, les passages, les exécutions, il fallut enregistrer une perte de 21039 francs portant sur une population de 370 âmes[2].

A Ville-Saint-Jacques, sans doute à cause de la fertilité du sol, il y eut, en plus des réquisitions, de nombreuses visites de maisons et de greniers; le total des dépenses fut de 45891 francs pour une population de 481 habitants. La somme était considérable, cependant le conseil municipal en fit l'abandon au gouvernement[3].

A Dormelles, la dépense monta à 13152 francs pour 610 habitants[4].

En résumé, la perte générale résultant de l'invasion pour le canton de Moret fut de 317715 francs. Or, l'état des contributions foncière et mobilière des communes dressé pour 1815 présentait un total de 52017 francs[5]; du rapprochement de ces deux sommes il est facile de conclure que, pour acquitter la dépense de guerre, il aurait fallu plus de six années d'impositions.

La charge pour l'arrondissement de Fontainebleau fut de 2,696,000 francs, somme bien supérieure à

---

1. *Archives départementales*, 3 R 60.
2. *Archives départementales*, 3 R 60.
3. *Archives municipales de Ville-Saint-Jacques*, et *Archives départementales*, 3 R 60.
4. *Archives départementales*, 3 R 60.
5. *Archives municipales de Moret*, série II.

celle de 1814 qui, comme nous l'avons montré en son lieu, s'éleva à 1,625,575 francs[1].

La guerre terminée, la situation politique demeurait embarrassée et confuse à l'intérieur. Le trouble régnait dans la nation, notamment en Seine-et-Marne et surtout dans les environs de Fontainebleau. L'observation en fut faite plusieurs fois au préfet par ses supérieurs, non sans une certaine amertume[2].

Vers la fin de septembre un factum anonyme, intitulé : *Remède contre la rage royaliste*, courut tout le département. A Fontainebleau on jetait sous les portes des écrits par lesquels on menaçait d'égorger les royalistes; on y tenait des réunions suspectes où se répétaient sans cesse des propos outrageants contre le roi. Il s'y manifestait une agitation et une inquiétude « avant-coureurs des grands orages »; il aurait fallu peu de chose pour occasionner « une secousse révolutionnaire ».

Un journal, au titre intentionnellement inoffensif, le *Journal des Arts*, excitait parmi nos populations une grande défiance contre le gouvernement royal. La feuille fut supprimée[3].

---

1. Au cours de l'invasion de 1815, le département fut occupé par 175800 hommes et 63500 chevaux; il eut de plus à supporter le passage de 800000 hommes (*Archives du ministère des affaires étrangères*). — Les pertes furent les suivantes : Melun, 2,791,000 francs ; Coulommiers, 1,012,000 francs ; Fontainebleau, 2.696,000 francs ; Provins, 1,434,000 francs ; Meaux, 4,171,000 francs. Total 12,104,000 francs ; le préfet porte l'ensemble des dépenses à 12,629,616 francs. — En 1814, la charge pour le département se chiffrait par 32,794,947 francs (*Archives départementales*, 3 R 60).

2. *Archives nationales*, F[7] 3148, bulletins des 14 septembre, 28 septembre, 28 novembre; F[7] 3735, bulletin du 26 octobre.

3. *Archives nationales*, F[7] 3148, bulletin du 28 septembre; F[7] 3786, bulletin du 28 novembre.

Deux individus se disant officiers russes parcouraient les cantons de l'arrondissement de Fontainebleau, sous le dessein apparent de lever des plans et de rectifier la carte de Cassini. Munis d'une commission en langue russe signée Sacken, avec invitation aux autorités de leur fournir des voitures, le logement, des vivres, des fourrages, ces officiers, qui parlaient le français sans trace d'accent, opéraient avec une rapidité peu compatible avec la nature de leur travail. Pour les renseignements à recueillir, ils s'adressaient aux premiers venus et jamais aux maires. L'un d'eux logea quatre jours durant chez le procureur du roi à Fontainebleau, sans que ce magistrat pût découvrir l'objet de sa mission. Il s'agissait de simples agitateurs s'arrêtant surtout dans les auberges et semant des nouvelles alarmantes. Ils passèrent ensuite dans le département du Loiret. Le préfet fut d'ailleurs réprimandé pour ne pas avoir fait enfermer ces émissaires [1]. Plusieurs grands dignitaires de l'empire songeaient encore à une restauration bonapartiste.

A la même époque, le sous-préfet de Fontainebleau ordonna de mettre entre les mains du procureur une blanchisseuse et une limonadière de Nemours, ainsi qu'un tisserand de Montereau, pour paroles de rébellion contre l'autorité établie. Quelques jours après il faisait chasser de l'arrondissement un nommé Maron parce qu'il n'avait pas soumis à son visa les images qu'il colportait [2].

---

1. *Archives nationales*, F⁷ 3732, bulletin du 30 septembre; F⁷ 3735, bulletin du 9 novembre.
2. *Archives nationales*, F⁷ 3148, bulletin du 14 octobre.

Les marchands forains vendaient aux soldats des cocardes tricolores. L'un d'entre eux, un marchand de peaux de lapin du nom de Raconat, débitait sur le marché de Fontainebleau des chansons en l'honneur de Bonaparte. On le mit au secret, on chercha, en lui promettant sa grâce, « à découvrir s'il n'était » pas l'agent d'individus d'un rang élevé trop habiles » pour se compromettre[1] ». On ne trouva rien.

Sur un rapport venu de Paris, on éloigna de Fontainebleau les généraux Estève et Chabert; tous les militaires furent surveillés de près[2].

Des agents de police dispersés dans les villes et les campagnes renseignaient l'administration. Or, à la fin de l'année, malgré les précautions prises, ils constataient que dans les conseils municipaux des petites communes figuraient beaucoup d'hommes peu favorables au gouvernement[3].

Le préfet attribuait le malaise général à diverses causes.

Il signalait tout d'abord l'irritation produite par la présence des troupes étrangères qui semblaient ne pas vouloir se décider à quitter le département dont elles occupaient encore la partie nord; elles se conduisaient de la façon la plus arbitraire. Les Prussiens faisaient, entre Meaux et La Ferté-sous-Jouarre, des marches et des contre-marches qui tenaient les habitants dans une perpétuelle alerte;

---

1. *Archives nationales*, F⁷ 3148, bulletins du 14 au 16 octobre.
2. *Archives nationales*, F⁷ 3735, bulletin du 9 novembre.
3. *Archives nationales*, F⁷ 3735, bulletin du 1er décembre.

on aurait dit qu'ils n'avaient plus de commandant
en chef; les officiers changeaient à leur gré de cantonnement encombrant sans raison les villages;
c'était un désordre inouï[1]. Le peuple accusait le
gouvernement de prolonger le séjour de l'ennemi en
France; aussi peut-on imaginer le parti que les oppo-
sants tiraient de cette circonstance, pour miner l'influence de Louis XVIII[2].

Mais ce n'était là qu'une cause momentanée de
mécontentement, cause qui disparut en effet avec le
départ définitif des alliés vers la fin de novembre[3].
Il y en avait une autre plus immédiate et plus durable que maintes fois le préfet s'efforça de faire comprendre en haut lieu, nous voulons parler des excès
des royalistes. Selon lui, les royalistes ultras laissaient percer une telle joie, une telle exaltation, que
leurs adversaires se croyaient obligés de prendre
une attitude menaçante. « On ne peut s'expliquer
» pourquoi, disait-il, ceux qui, par leur naissance,
» leur existence, leurs intérêts devraient chercher à
» calmer les ressentiments, à rapprocher les opinions
» extrêmes dans l'intérêt du roi et de la patrie, se
» mettent au contraire dans un état de guerre dé-
» claré contre les hommes qui n'ont pas suivi la
» même ligne qu'eux[4]. »

Loin de conserver une sage retenue dans l'exercice du pouvoir, le gouvernement lui-même employait des moyens vexatoires et tyranniques contre

1. *Archives nationales*, F⁷ 3735, bulletin du 21 novembre.
2. *Archives nationales*, F⁷ 3732, bulletin du 22 octobre.
3. *Archives nationales*, F⁷ 3735, bulletin du 21 novembre.
4. *Archives nationales*, F⁷ 3735, bulletin du 21 novembre.

ceux qu'il appelait « les malveillants »; mais l'op-
pression, simple expédient, donne du ressort et ra-
nime les passions. Parmi ces mesures nous citerons
la révocation des fonctionnaires sur le moindre soupçon; ce fut en France une explosion dénonciatrice
qui ne se vit à aucune époque. Aussi le comte Germain, préfet de Seine-et-Marne, royaliste convaincu
cependant, fit-il preuve de libéralisme en écrivant à
son ministre :

« Il est trop vrai que depuis les plus hautes di-
» gnités de l'État jusqu'aux emplois les plus ob-
» scurs, tout est envié avec une fureur qui va jus-
» qu'au délire. Le mal est trop général et trop
» contagieux pour qu'il n'en résulte pas de graves
» inconvénients. A travers cette foule de récrimina-
» tions la vérité échappe et l'inquiétude va gagnant
» ceux-mêmes que leur conduite modérée devrait
» laisser à l'abri de tout soupçon.

» Les journaux retentissent du besoin d'épurer
» les diverses administrations. Ces provocations in-
» considérées réveillent toutes les ambitions; chacun
» se croit propre à toutes les places par cela seul qu'il
» s'est créé certaines opinions politiques. Repoussés
» par la justice des préfets, les postulants trouvent
» des protecteurs plus puissants, et si le ministère
» cède, il recrute souvent un sujet qui, au lieu de
» concourir à la marche avantageuse de l'adminis-
» tration, n'a d'autre tribut à lui offrir que sa nullité
» et son impéritie. »

Cette morale est de tous les temps.

*
* *

Les années 1814 et 1815, marquées par les chutes successives de Napoléon et l'avènement final de Louis XVIII, années d'exploits et de désastres, d'aventures et de drames, ont eu leurs historiens célèbres. Aussi bien le but de ce travail purement local n'est-il pas d'apporter des sentences ni des conclusions nouvelles.

Il nous sera cependant permis de rappeler quel fut, pendant cette rude campagne de France et au milieu de ces compétitions politiques, le rôle de l'armée et de la nation.

En 1814, nos soldats défendirent pied à pied le sol de la patrie. « Reculant de victoire en victoire », ils furent plus d'une fois vainqueurs et se firent craindre jusqu'à la dernière défaite. — En 1815, ils donnèrent à Waterloo tout ce qu'on peut demander à des hommes de vigueur, de dévouement, de sacrifices. — En suivant leurs alternatives de succès et de revers, l'émotion vous gagne et avec l'émotion ce respect que méritent les grandes choses.

Mais il est juste d'accorder aussi notre estime et nos louanges à ceux qui ont souffert sans pouvoir combattre; à ceux qui, restés dans leurs foyers, ont passé tant de jours d'angoisse et de nuits sans sommeil; à ceux qui ont supporté les réquisitions, l'incendie, le pillage et la brutalité des étrangers. Certes nous n'oublions pas que beaucoup de Français d'alors épuisèrent toutes les formules d'adulation en-

vers Napoléon sous l'Empire et envers Louis XVIII
sous la Restauration; cet état d'esprit ne saurait-il
s'expliquer par la crainte de la conquête et l'immense
désir de voir enfin s'ouvrir des temps pacifiques? —
Cette observation s'applique surtout, nous l'avons
vu, aux assemblées municipales composées à rien
près des mêmes hommes sous les deux régimes,
mais ces conseillers municipaux, artisans pour la
plupart et ayant besoin de leur travail pour vivre,
furent-ils plus coupables que ce grand personnage,
infatigable courtisan, tour à tour serviteur de la Révolution, de l'Empire ou de la Restauration, qui se
vantait d'avoir prêté et non donné douze serments
de fidélité?

Si la ville de Moret, malgré son apparence de for-
teresse et son luxe de maçonnerie féodale, n'a jamais
joué qu'un rôle modeste dans les fastes militaires de
la France, encore est-il qu'elle eut grandement à
souffrir des invasions de 1814 et de 1815.

Quelques générations nous séparent à peine de la
fin du premier Empire; on parle encore de ces cosaques que les Prussiens de la dernière guerre ne sont
pas parvenus à faire oublier. Aussi nous a-t-il paru
intéressant de rechercher et de mettre en lumière ce
qui s'est passé à Moret au cours de ces « années terribles ». A défaut d'autre utilité, nous en avons tiré
cette preuve que nos ancêtres ne manquaient ni de
patriotisme ni de courage.

Un mot encore.
Nous voudrions, en terminant, citer deux faits qui

offrent, à travers les siècles, un singulier et curieux rapprochement :

En 1420, pendant la guerre de Cent ans, les Anglais assiégèrent Moret. Denis de Chailly, gouverneur de la place, se retira sur Melun après une défense insuffisante; on l'accusa de trahison. — Le 15 février 1814, l'avant-garde austro-russe s'empara de notre ville. Le général Montbrun, qui la commandait, ne put opposer qu'une faible résistance et battit en retraite par la même route de Melun, sur Corbeil; on le traduisit devant un conseil de guerre.

1420! 1814! 1815! années fatales pendant lesquelles Moret eut à subir sa part des malheurs de la patrie.

Mais, l'histoire nous l'enseigne, en dépit de la guerre, des discordes et des invasions, la France s'est toujours relevée.

Nous pouvons compter sur l'avenir.

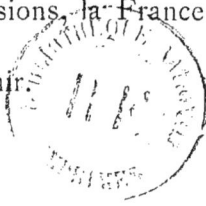

FONTAINEBLEAU. — MAURICE BOURGES, imp. breveté